中国美术学院图书馆馆藏精品碑拓

牛筱桔　主编
中国美术学院图书馆　编

浙江古籍出版社

本书为“浙江省哲学社会科学规划课题”研究成果

编辑出版委员会

凡　例

一、本书是我院图书馆继 2017 年出版《中国美术学院图书馆馆藏古籍图录》后又一项持续进行的科研项目。经申报已被立项为 2019 年度浙江省哲学社会科学规划课题。

二、该课题在省级立项承诺书中将额定拓片资源数量由 60 幅增加到 240 余幅，大大扩充丰富了拓片资源遴选范围。其中，又精选历代稀缺、少见且颇有艺术、历史和文化价值的 120 种书法名品拓片作了重点评鉴，附上文字说明，以满足院内外师生读者的需求。

三、本书遴选的 240 余幅精品拓片，均出自我院图书馆馆藏资源，由我院著名国画书法大家陆维钊、刘江教授在 20 世纪五六十年代从全国各地寻访觅得，购买后珍藏于我院图书馆。

四、所选精品拓片时间跨度大，涵盖了战国至明清时期。具有代表性的有龙门二十品，唐、宋、元书法名作 60 余幅等。内容范围广，包括陶文、碑刻、摩崖、墓志、造像题记和画像砖（石）六大类。

五、所选精品拓片以刻石摩崖书法为大宗，书法书体齐全，名家名品众多，有篆书、隶书、楷书、行书与草书；以汉代多种题材的画像砖（石）等资料性拓片资源为辅。每件精品拓片附图影一件或局部图数幅。

六、本书拓片内容由正文与附录两大部分组成。正文均收录历代书法精品拓片，每幅按朝代与年代前后顺序排列。附录收录陶文、画像砖（石）与龙门造像记等拓片 70 余幅。其中武梁祠画像石拓片按扫描先后顺序排列。龙门造像记拓片有年代可考的按年代先后顺序排列；无年代可考的排在最后。

七、运用图书馆学、美术学专业知识，借鉴、利用宋、清时期大家研究“金石学”的方法，将遴选的240余幅精品拓片进行深入、系统的数字化扫描与拍摄、分类、编目；“考证”其源流、时代、地点、作者；“评鉴”其艺术特色等。发挥新时代图书馆保护、宣传、推广和弘扬中国古代优秀文化的责任与使命；以抢救、保存和传承优秀古籍资源，为广大读者提供学习、研究、创作等多元化服务平台。

八、在此特别感谢学校副院长沈浩教授的大力支持，以及石连坤博士领衔的研究生团队的积极参与；感谢院宣传部（网信办）申博老师精湛的现代数字化扫描与摄影技术；感谢图书馆领导和同仁们；感谢浙江古籍出版社况正兵老师和石梅编辑。他们为这一成果的实现，付出了艰辛的努力和卓越的贡献。

牛筱桔

2019年4月21日

思接千载　怀抱高古

沈　浩

“吾集录前世埋没缺落之文，独取世人无用之物而藏之者”，这是北宋大文豪、金石学家欧阳修对自己集古收藏的描述，他一生研究金石，酷爱收藏，藏有各类金石拓片千卷，他认为正是这些碑帖拓片“载夫可与史传正其阙谬者以传后学”。诚如欧阳修所识，这些常常不为俗世所重的历代碑帖却是中华民族一座文化、历史和艺术的无尽宝库。从政治经济到宗教哲学，从风俗民情到文学艺术，它与史籍相互补证，在记录中华民族悠久而灿烂的文明历史的同时，也为学术研究、艺术创造提供了取之不尽的源泉，后学者以此思接千载，怀抱高古，叩问传统，顶礼经典。

而在中国书法艺术的发展历程中，碑帖更是极为重要的传承载体，是书法艺术传播和普及的主要途径。从秦篆、汉隶、魏书、唐楷到各家行、草……篆隶楷行草诸体兼备，包罗万象，数以万计。历代文人雅士步屐登高、游历山川观碑访碑，书家学者千方百计摹碑传拓，题跋和诗，书法史上留下了一段段围绕着碑帖师古、师心的佳话美谈。

20 世纪 60 年代初，在周恩来总理的直接关心下，由潘天寿院长亲自主持，开创了新中国第一个高等书法专业，年逾花甲的陆维钊先生作为科主任，负责筹建工作。在那个百废待兴的年代，老一辈艺术家们以“为往圣继绝学”的使命感和责任感，筚路蓝缕，艰难探索，奠定了中国高等书法教育的坚实根基，开辟了书法事业昌隆繁盛的康庄大道。

书法专业创建之初，教学资源极为匮乏，文化部下拨二千元专款，用于购置所需资料，陆维钊先生毅然担负起赴各地采购图籍的重任。他带领刘江等先生赶赴上海、苏州、扬州、绍兴、杭州等地的古旧书店，在满是尘埃的故纸堆中翻阅查找合适的书籍、碑帖和印谱。据刘江先生回忆：“我们两个去各地找材料，那些古书、碑帖都放在那儿十多年没有动过了，灰尘和蜘蛛网都在上面，那时根本没人买这些东西。当年陆先生已经 60 多岁了，东西放得很高，梯子是单人的，他就让我爬上去，一垛垛搬下来，他在下面接，等一本本挑好了，再传给我放回去。那时候我们身上和鼻子里都是灰尘，但他不顾这些，认认真真地挑选。”当时各方面条件都十分艰苦，两人中午就在书店附近点一碟小菜或一碗鸭血汤，就着米饭充饥，晚上住简陋的旅馆，第二天一早又投入工作。如此马不停蹄，奔波了二十余天，先后采购回书籍近千册，碑帖拓片 2300 余件，印谱 1200 余本，为书法教学工作的顺利展开奠定了非常重要的基础，同时也丰富了图书馆的藏书。这些资料的入藏是一份沉甸甸的学术积累，更是一段感人的校史记忆。

1969 年，学校因“战备疏散”将珍贵图集运至绍兴，1972 年返回时发现留在校内的图书因缺乏看管，致使失盗、雨淋，损失数千册。近年来，学校图书馆大力推动图书、资料的数据化，开始对现存的 760 余张拓片进行全面整理与数字化，并从中选取 120 余件精品集结出版。存封至今无珠玉之光的碑帖拓片，通过现代化的科技手段，在今后的教学和研究中终可绽放夺目之彩。

编辑成册的拓片集所录多为清代或民国时期所制历代名碑的整张拓片，墨色淳古，拓工精良，字迹清晰，宛若前贤神魂犹在，观之心旷神怡。这些石刻作品的时间从汉代一直延续至清代，如汉《石门颂》《衡方碑》，北魏《石门铭》，南朝《爨龙颜碑》，隋《曹子建碑》，唐欧阳询《皇甫诞碑》、怀仁《集王羲之圣教序》、李邕《麓山寺碑》、颜真卿《宋璟碑》、柳公权《玄秘塔碑》，宋郭忠恕《三体〈阴符经〉》，元赵孟頫《处州万象山崇福寺记》等。其中汉《裴岑纪功碑》远在新疆，拓本流传甚少，实属难得。北魏《龙门二十品》数目齐备，且每张皆钤有清代金石学家张廷济的收藏印鉴，更为可贵。唐褚遂良《伊阙佛龛碑》整拓并带碑额者亦属罕见。唐代著名的“昭陵碑刻”碑主多为唐代开国功臣，又有欧阳询、褚遂良的书丹佳作，是研究初唐时期历史、书法的重要资料，书中收录近二十种。唐代名臣张柬之家族的“襄阳十志”原石已毁于战火，书中存录三志。《狄仁杰祠堂碑》拓本不甚多见，足可作考证文献之资。此外，多种汉魏名碑及唐代著名书家薛曜、李阳冰、张旭、徐浩、柳公权，宋代蔡襄等人的书迹皆在其中。明清碑刻虽非史上名品，然书法亦有可观之处，如明《宝华庵碑记》、清《盘龙寺建立郡太守谢公德政碑》等，皆可为传习的有益示范。

面对眼前众多名碑佳品集萃，我们不禁兴奋而又充满感怀。老一辈艺术家和教育家们，为专业建设殚精竭虑，亲力亲为，藏品收集中凸显对专业教学全面而深入的思考。这些拓本含括各个朝代、各类风格的作品，体系完备。借此，我们能于书法艺术抚古求新，能于经史、金石琢磨求证。先生们良苦用心如是，后学者必当景仰珍视！

目　录

汉

三国

北朝

南朝

隋

唐

五代

宋

元

明

清

附录

汉

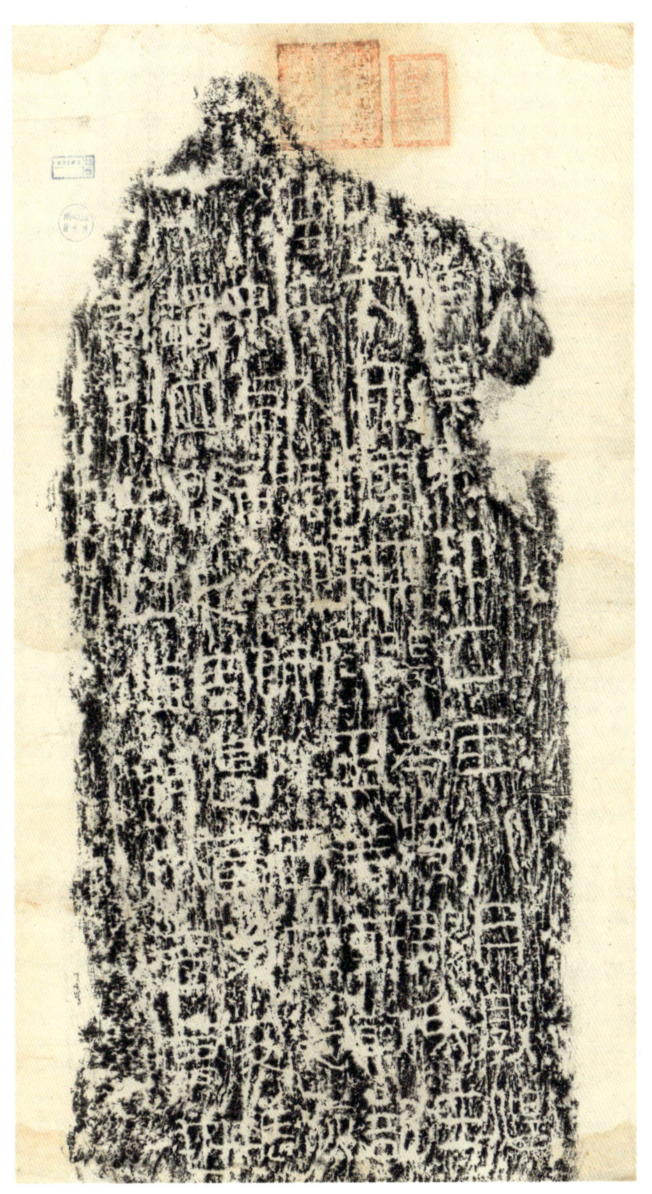

汉　裴岑纪功碑　137年　*原石现藏新疆博物馆*

该碑全称《汉敦煌太守裴岑纪功碑》，立于汉永和二年（137）。此碑是为记载敦煌太守裴岑击败匈奴呼衍王侵扰、克敌全师的一次胜利战役而立。因此事史书不载，故而《裴岑纪功碑》之历史价值尤为凸显。黄易《小蓬莱阁金石目》记载道："《汉敦煌太守裴岑纪功铭》刻于东汉顺帝永和二年，前人著录所未见。雍正七年，大将军岳公得于西塞巴尔库城西石人子，移置将军府。十三年彻师，又移置关帝庙。"

立碑旧址在新疆维吾尔自治区巴尔库城西50里，今已碎为数块。书体为隶书，单字形体较为修长，但波磔并不明显。由于碑体表面风化漫漶，因此全拓尤显古朴，点画质感苍茫遒劲。康有为《广艺舟双楫》称其："古茂雄深，得秦相笔意。"

汉　郑固碑　158年　*原石现藏济宁市博物馆*

该碑全称《汉郎中郑固碑》，碑额篆书“汉故郎中郑君之碑”二行八字，东汉延熹元年（158）四月立。隶书，十五行，行二十九字。因原石埋入土中的部分受到侵蚀，故而上部存字较多，有全字二百五十四个。宋欧阳修在《集古录》中谓之“零落之余”，并以为下部之字多漫漶不可读。清代雍正、乾隆年间，陆续掘起入地部分，得全字八十个，半字九个。

《郑固碑》书法风格与《乙瑛》《史晨》颇相近似，字形扁阔，结体端严，骨肉停匀，波磔分明，法度谨严。清人万经评曰：“笔法坚劲。”杨守敬云：“此碑古健雅洁，在汉隶亦称佳作，尤少积气，《礼器》之亚也。”翁方纲甚至称赞为“密理与纵横兼之，此古隶第一”。

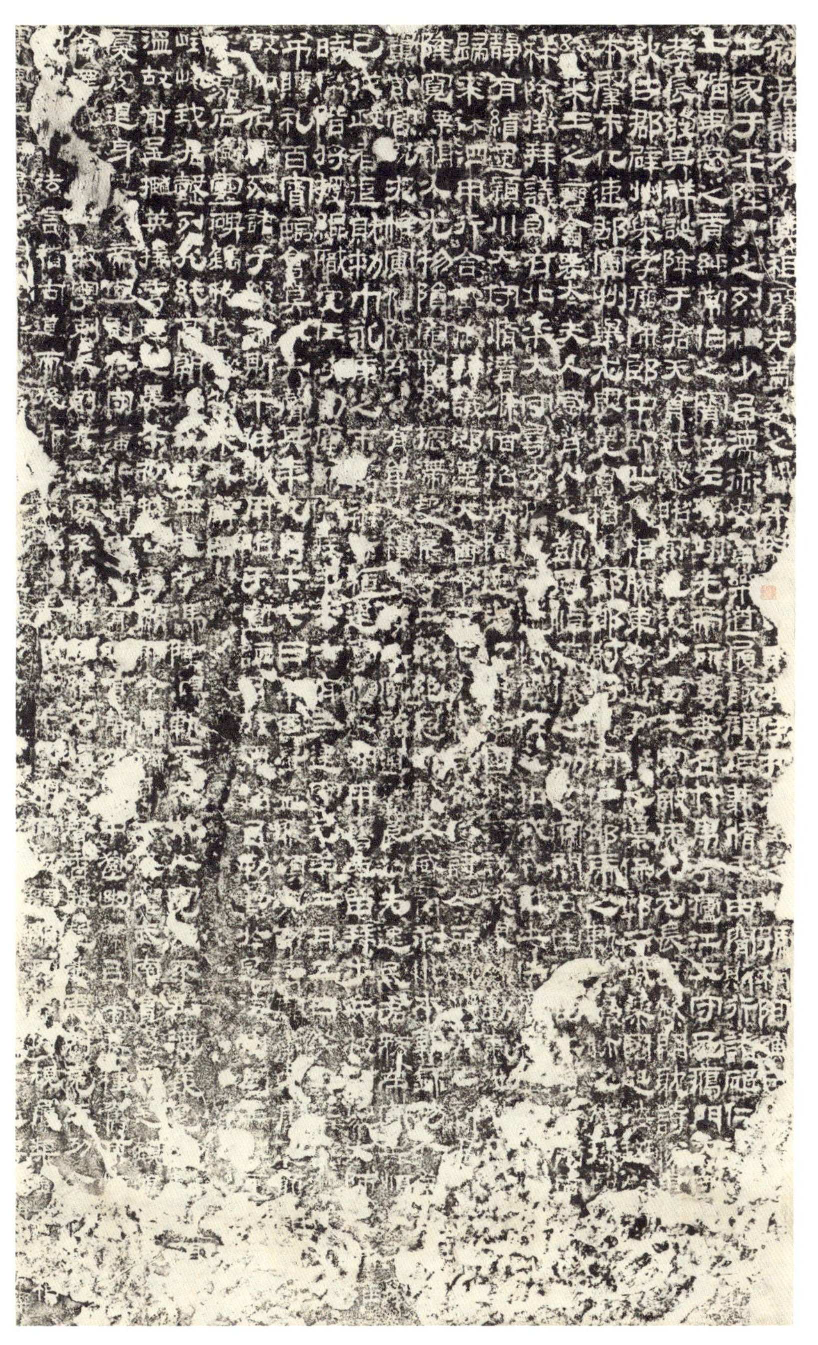

汉　衡方碑　168 年　原石现存山东泰安岱庙

《衡方碑》是衡方的门生朱登等于东汉建宁元年（168）九月为其所立的颂德碑，碑二十三行，行三十六字，隶书。碑阴存题名二列，字甚漫漶。碑额阳文隶书“汉故卫尉卿衡府君之碑”二行十字，二行之间有竖格线。该碑书法方整宽绰，书风雄强郁勃，茂密渊懿。清姚华《弗堂类稿》跋此碑说：“《景君》高古，惟势甚严整，不若《衡方》之变化于平正，从严整中出险峻。”何绍基称其“方古中有倔强气”。此碑对后世的影响很大，杨守敬说它“古健丰腴，北齐人书多从此出，当不在《华山碑》之下”。

碑原在山东汶上县西南十五里郭家楼前，清雍正八年（1730）汶水泛滥，碑陷卧，后重立，又移至山东泰安岱庙。存世最早的拓本为明拓本。

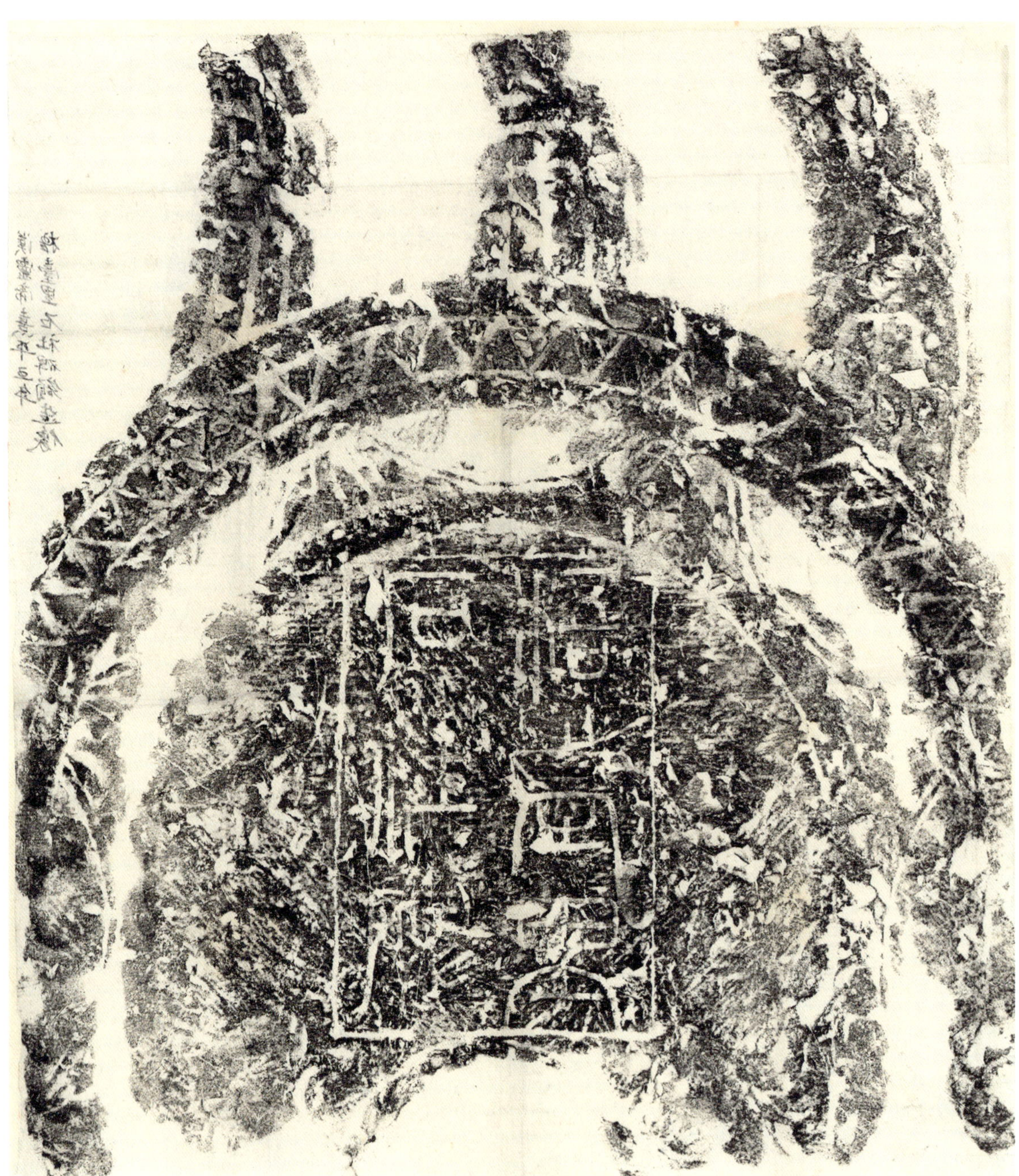

汉　梧台里石社碑额　176 年　原石现藏山东省博物馆

《梧台里石社碑》，东汉熹平五年（176）立，该碑额于宣统元年（1909）出土，故址在今山东省淄博市境内。梧里台，即战国时期齐国都城梧宫之台。郦道元《水经注》卷二十六记载：“……台甚层秀，东西一百余步，南北如减，即古梧宫之台。台东即阏子所谓宋愚人得燕石处。台西有《石社碑》，犹存，汉灵帝熹平五年立，其题云梧台里。”该碑碑身早佚，仅存的碑额上有篆书六字两列，文曰：“梧台里石社碑。”文字结构舒朗合度，重心较低，宽博自然；点画筋骨停匀，圆润流畅，爽爽有神。该篆书风格有斯翁遗韵，又兼汉篆质朴，耐人寻味。

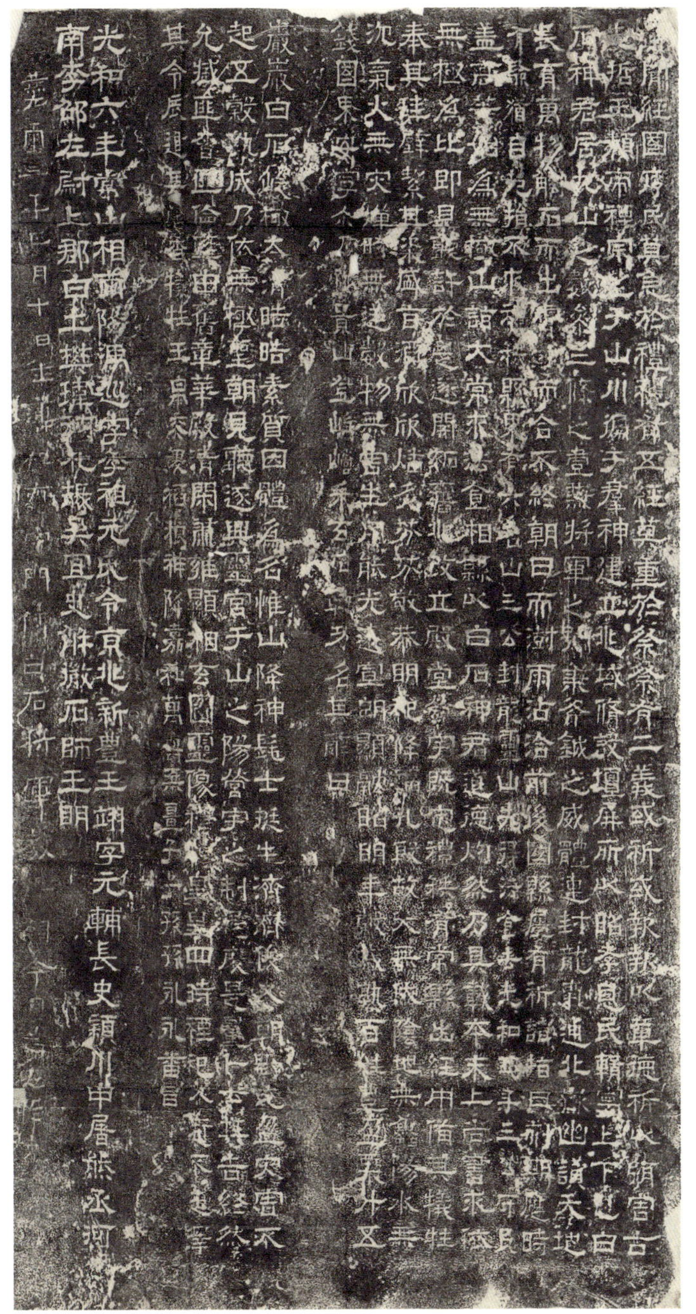

汉　白石神君碑　183 年　原石现藏河北封龙山碑楼

《白石神君碑》或称《白石山碑》，原在河北省元氏县的白石神君祠。汉灵帝光和六年（183），时任常山相南阳冯巡、元氏县令京兆王翊等人为颂扬白石神君之功德而立。碑通高 2.4 米（座已失），宽 0.81 米，厚 0.17 米，圆首，无穿。篆额“白石神君碑”；碑文隶书，共十四行，行三十五字；并有碑阴题记，亦为隶书，碑阴隶书与碑文系同时所刻。碑文内容前为序文，后为颂铭。此碑书法结字方整，字形略长，用笔清劲浑厚，波磔明显，属方峻整饬一路风格。清翁方纲评曰：“是碑书法专主于方整，在汉隶中为最洁齐者。然风骨遒劲，似尤在《校官碑》隶法之上，不得以其近似六朝、唐人而概疑之。”

1989 年，该碑与《祀三公山碑》一起被重新移置在距县 25 公里的封龙山上，并建碑楼加以保护。

汉　石门颂　184 年　原石现藏汉中博物馆

《石门颂》是汉中太守王升为表彰杨孟文等开凿褒斜谷古石门通道的功绩而作，王升撰文，王戒书刻。其书法遒劲有力，结字纵横错落，开合纵逸。又因书刻于粗糙崖壁之上，经千余年风雨侵蚀，所以更见苍茫浑朴的意趣，是汉代隶书摩崖的代表作之一。近代金石文字学家杨守敬《平碑记》云：“其用笔如闲云野鹤，飘飘欲仙。”

因 20 世纪 60 年代末修建水库，石门隧洞、古道遗迹与绝大部分石刻将淹没于大水之中，所幸经各方努力，将包括《石门颂》在内的汉魏“石门十三品”从山体上切割抢救了出来，后陈列于汉中博物馆。

汉　玉盆题字

《玉盆》摩崖原刻在石门栈道南面的褒水河中一块盆状巨石上，当地称之“浮浪玉盆”。该二字隶书字形较为硕大，直径30至35厘米。“玉盆”大字左上侧另有南宋所刻“玉盆”二小字，亦作隶书。正下方刻南宋隶书题名一则，内容为“闾丘资深、田德夫、章德楙，庆元二年（1196）二月壬申，因视堰来”。“玉盆”二字之左侧还有南宋题名一则，内容为“曹济之、庞公巽、曹璋、李禀，绍定乙丑（1229）清明日识”，字体则介于隶楷之间。

清人罗秀书在《褒谷古迹辑略》中言：“玉盆二字笔力是东汉体，惜无名姓，然旁有石孔四，昔覆亭于上，必非常人也。余始至褒闻老生云玉盆旧有留侯书，今无矣。”

1970年，由于褒斜谷修建石门水库，经国务院批准，遂将举世闻名的“十三品”摩崖石刻凿石取下，移置汉中博物馆。

三国

三国魏　衮雪　215年　原石现藏汉中博物馆

“衮雪”二字原在今石门水库大坝下方的河中一块巨石上。相传建安二十年（215），曹操西征张鲁至汉中，途经石门栈道时，见河水冲击岸石，水花四溅形同滚动之雪浪，乃乘兴写下“衮雪”二字。后人因慕其名，于“衮雪”左侧追镌“魏王”两小字。至于“衮雪”二字是否为魏武真迹，至今没有定论。其书法苍茫古拙，圆劲质朴，其中“衮”字波磔极为浪漫奔放，引人入胜，实为不可多得的隶书名品。

今“衮雪”二字已从石门旧址完整凿下，藏于汉中博物馆。

北朝

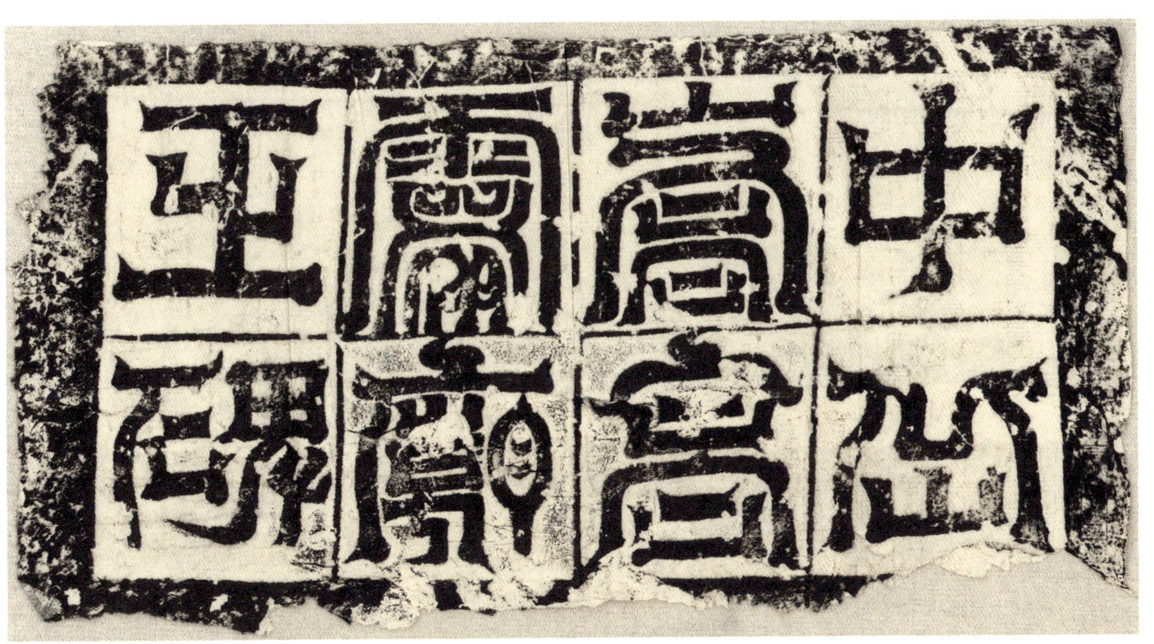

北魏　嵩高灵庙碑　439 年　*原石现存河南登封市中岳庙*

碑额篆书阳刻“中岳嵩高灵庙之碑”八字，碑文内容记载了北魏著名道士寇谦之修祀中岳庙的事迹并宣扬道教。此碑在魏碑书法中属于风格雄强一类，结体、用笔处于隶、楷之间，笔画方棱，雄强奇古，结构错落有致、古拙自然，与《爨宝子》《爨龙颜》神理相通。康有为评此碑书法为“体兼隶楷，笔互方圆”，“如浑金璞玉，宝采难名”，并称碑阳书法“奇古”、碑阴书法“峻整”，将碑阴书法列入“神品”，评价极高。

此拓碑阳缺失，但碑额、碑阴具在。碑阴相比碑阳更富变化，愈显自然。碑额篆书属于典型的“篆、隶、楷杂糅”式北朝篆书，趣味特出。

北魏　晖福寺碑　488 年　原石现藏西安碑林博物馆

碑文为正书，赞颂晖福寺建筑的宏伟庄严，也记述了北魏时期佛教的发展状况。碑额九字篆书阳刻。碑体上部螭首碑额，额下有碑穿，下端呈束腰形，在魏碑中为仅见之式样，原存陕西澄城县。

此碑书法风格独特，结体较宽展，微带斜势，用笔端整，时见隶意，风化带来的斑驳感使之更加具苍茫、浑厚之意。康有为在《广艺舟双楫》中评论此碑："书法高简，为丰厚茂密之宗，隶楷之极则。"另外，碑首篆额"大代宕昌公晖福寺碑"，字形方正，笔画末端屈曲尖细具有装饰感，兼有隶、楷意趣。

北魏　员外散骑常侍造像记　502年　*原石现存辽宁省义县万佛堂石窟*

亦称《慰喻契丹使韩贞等造窟题记》，记载当时“慰喻契丹使”韩贞以及七十余名边军行伍共同开凿石窟之事，是关于契丹民族早期状况和万佛堂石窟营造情况的重要史料。此刻文字为楷书，写、刻均较为草率，但质朴率真，饶有意趣，可在临习北朝碑刻过程中作为参考。

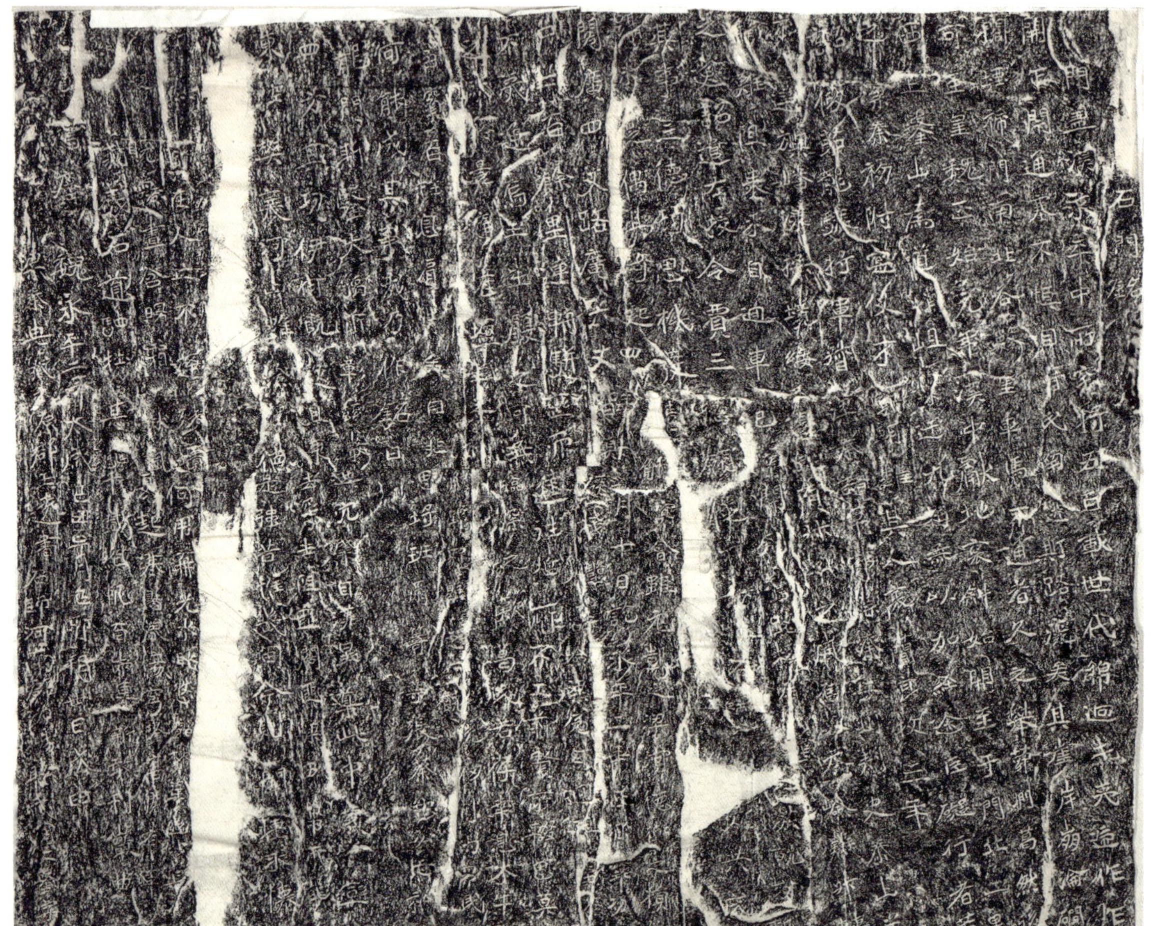

北魏　石门铭 509 年　原石现藏汉中博物馆

全称《泰山羊祉开复石门铭》，由太原典签王远书丹，武阿仁凿刻于陕西褒城县东北褒斜谷石门崖壁。铭文记述北魏重修褒谷道的原因、经过与结果，传颂梁秦二州刺史羊祉"诏遣左校令贾三德"重开褒斜道的盛举。

《石门铭》是北魏摩崖石刻的代表。因崖面广阔，故而书手将结体的开张、舒展之感发挥到极致，又因石壁的凹凸不平和风化侵蚀，《石门铭》的笔画形态以圆笔为主，呈现出浓厚的篆籀气与金石气，自然开张、气势雄伟、意趣天成，是魏碑中可以临摹、借鉴的上佳范本之一，历史上的许多著名书法家都曾得此石之沾溉。

历来金石家、书论家对此著录、评价甚多，康有为《广艺舟双楫》列之为"神品"，评其"飞逸奇浑，翩翩欲仙，若瑶岛散仙，骖鹤跨鸾"，推崇无以复加。

因 20 世纪 60 年代修建水库及隧洞，《石门铭》与《开通褒斜道刻石》《石门颂》等"石门十三品"被从崖壁切割，移置汉中博物馆。

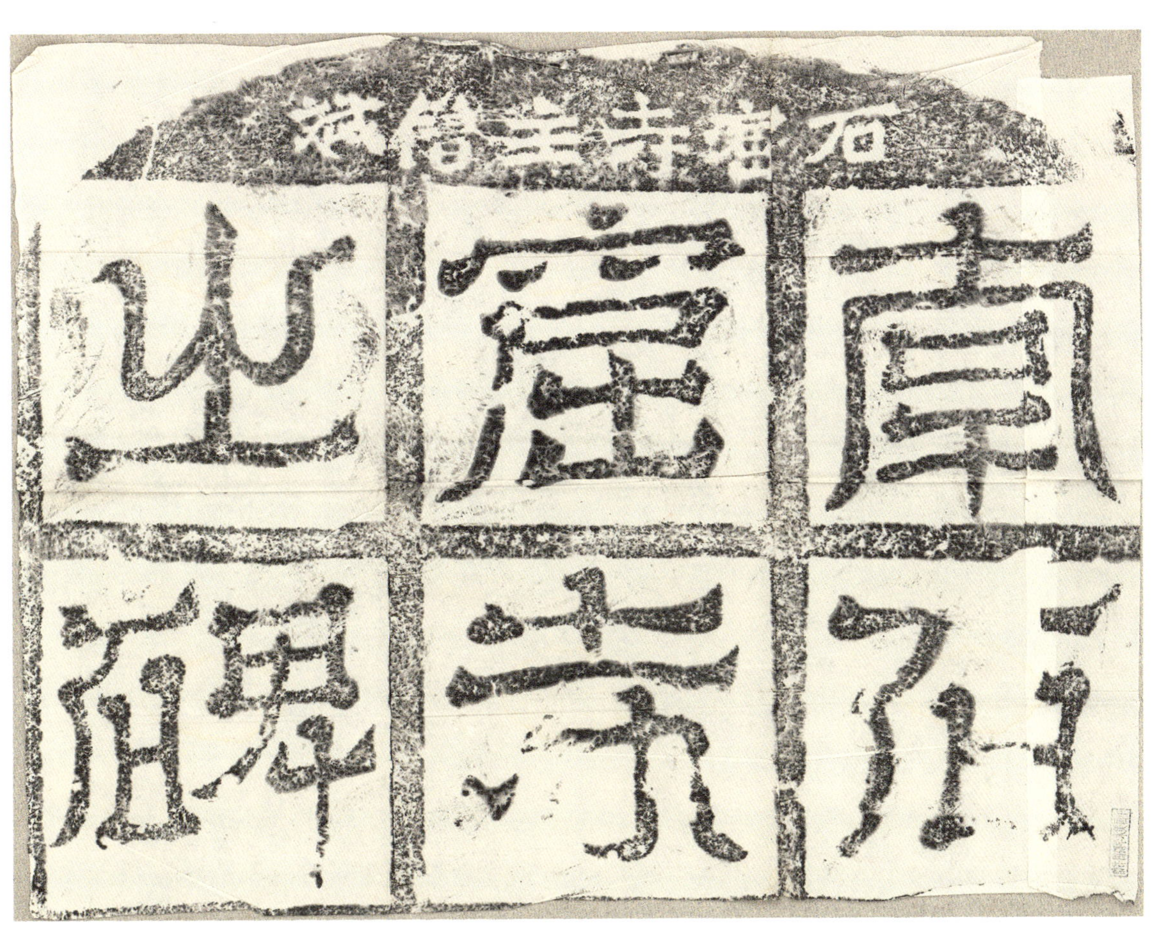

北魏　南石窟寺之碑　510 年　*原石现存甘肃省泾川县回山宫*

此碑为泾州刺史奚康生开凿南石窟时所立，详载泾州开凿南石窟的情况和对佛的赞语。碑文为正书，碑首六字阳刻，民国初发现于甘肃泾川县王家沟。

碑文书体在隶、楷之间，结体宽扁，但横画微微上斜；起笔、转折、勾趯多为相对成熟的楷书笔法，但横画、捺画之末尾多有波磔。整体风貌古拙厚重，是北魏碑刻中的上佳之品。碑额“南石窟寺之碑”六字，非篆、非隶、非楷而兼具三者意趣，具有奇异的美感。

陆维钊先生认为此碑属于六朝书法中“近于《石门铭》而用笔方圆皆能”一派的“整齐”者，“与其学《爨宝子》，尚不如学《南石窟寺》”。

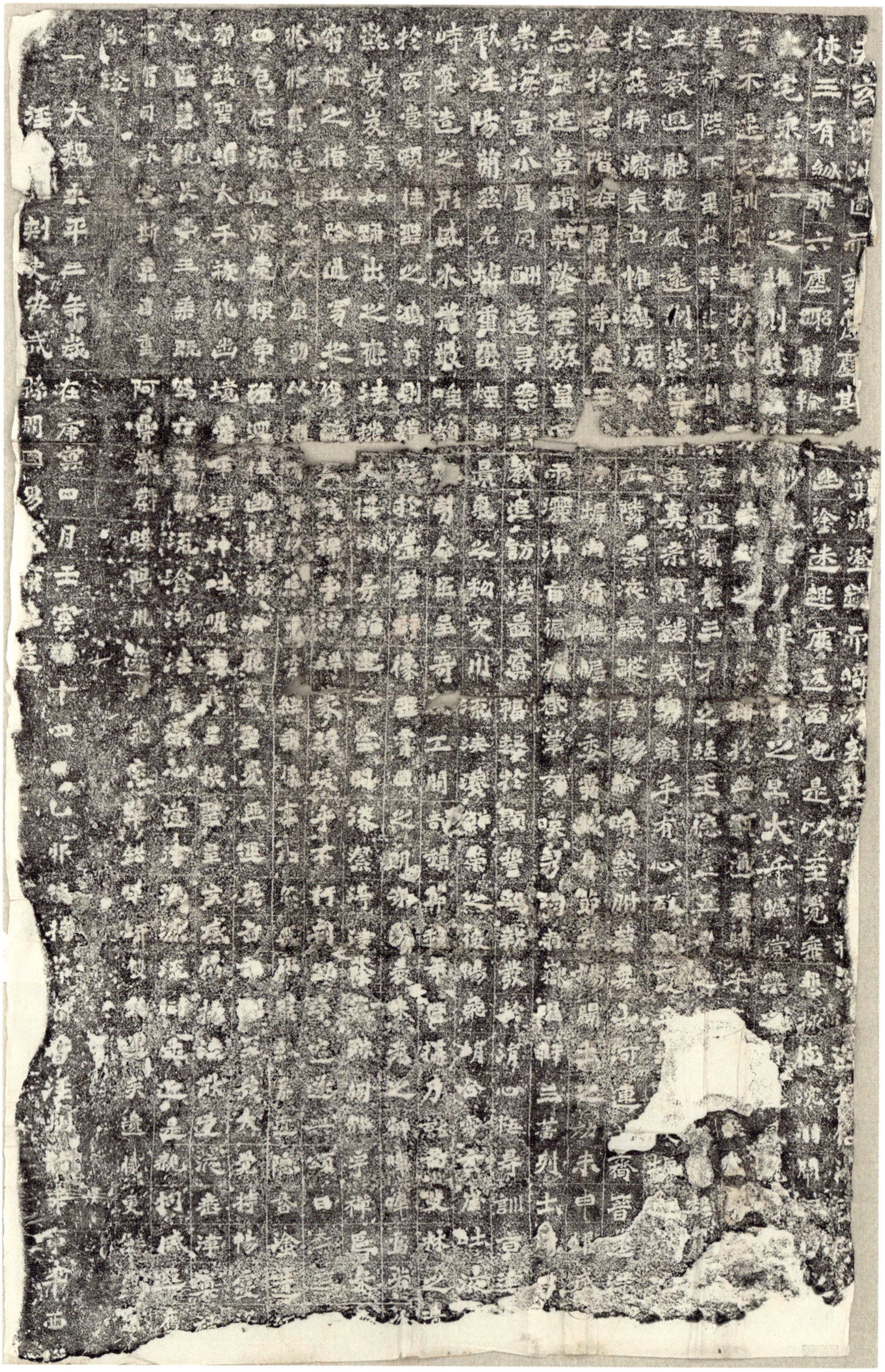

北魏　刁遵墓志　517 年　原石现藏山东省博物馆

全称《雒州刺史刁惠公墓志铭》，记述刁遵家世政绩。此志于清早期在河北省南皮县一废寺址出土，曾为张之洞所藏。此志为北魏碑志中著名书迹，书风浑穆舒扬，与北朝楷书普遍的方峻、猛利之风有所不同。

包世臣《艺舟双楫》评曰："《刁惠公志》最茂密。予尤爱其取势排宕，结体庄和。一波磔，一起落，处处含蓄，耐人寻味，不曾此中问津者，不知也。"康有为在《广艺舟双楫》中将此志列为精品，评曰："《刁遵志》如西湖之水，以秀美名寰中。"

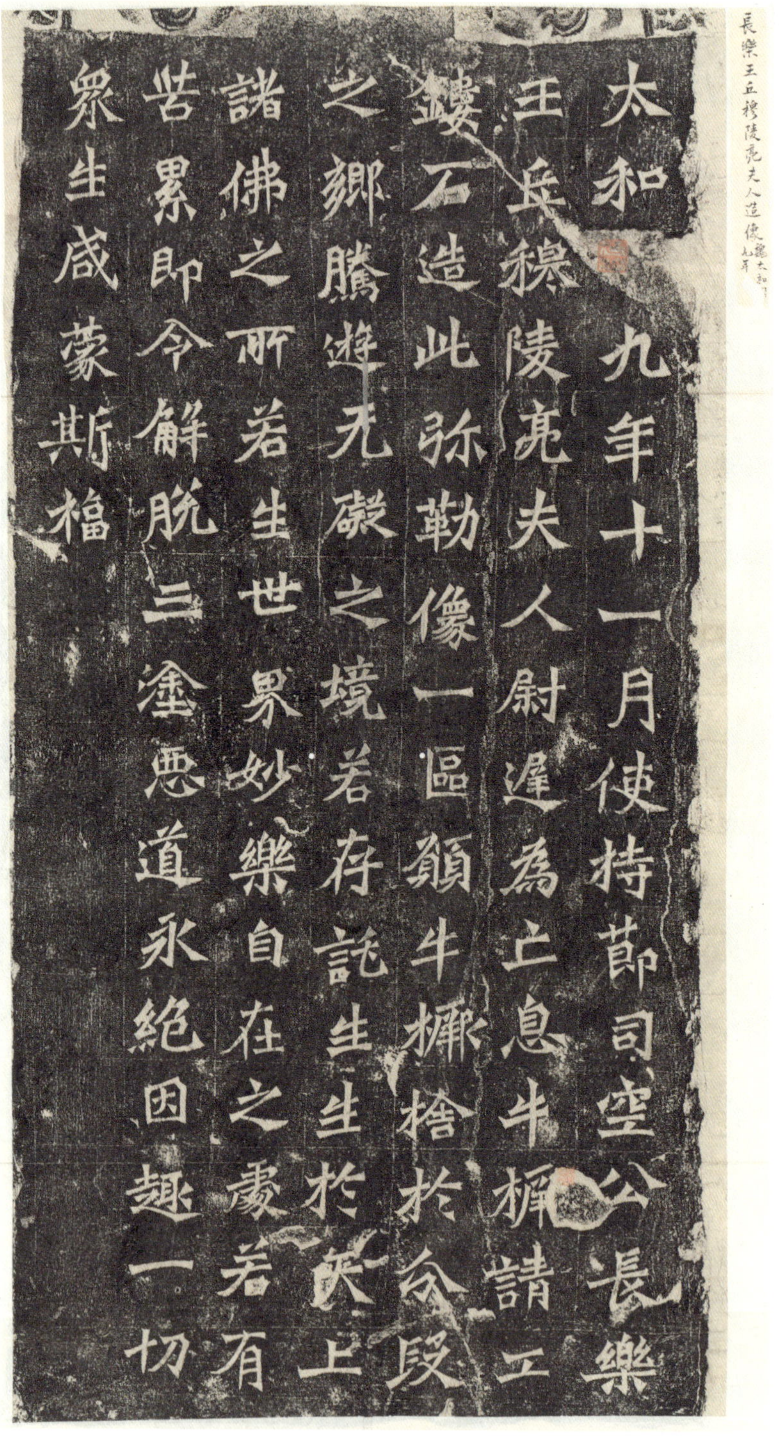

長樂王丘穆陵亮夫人造像 魏太和九年

太和九年十一月使持節司空公長樂
王丘穆陵亮夫人尉遲為亡息牛橛請工
鏤石造此弥勒像一區願牛橛捨於分段
之鄉騰遊无礙之境若存託生生於天上
諸佛之所若生世界妙樂自在之處若有
苦累即令解脫三塗惡道永絕因趣一切
衆生咸蒙斯福

北魏　龙门二十品——牛橛造像记　495 年　*原石现存龙门古阳洞*

《牛橛造像记》，全称《长乐王丘穆陵亮夫人尉迟为亡息牛橛造像题记》，也称《尉迟造像记》《长乐王造像》，北魏太和十九年（495）十二月立，是龙门造像题记中纪年较早者。该造像是北魏高祖时期，时任录事尚书丘穆陵亮的夫人尉迟氏为亡子牛橛所造。字形体势呈现峻拔方整的面貌，纵横方向之笔画多以方笔斜入取势，捺画波磔锐利而饱满；其结体茂密紧实，而左右舒展，意态高古。康有为《广艺舟双楫》中列之为“能品上”。

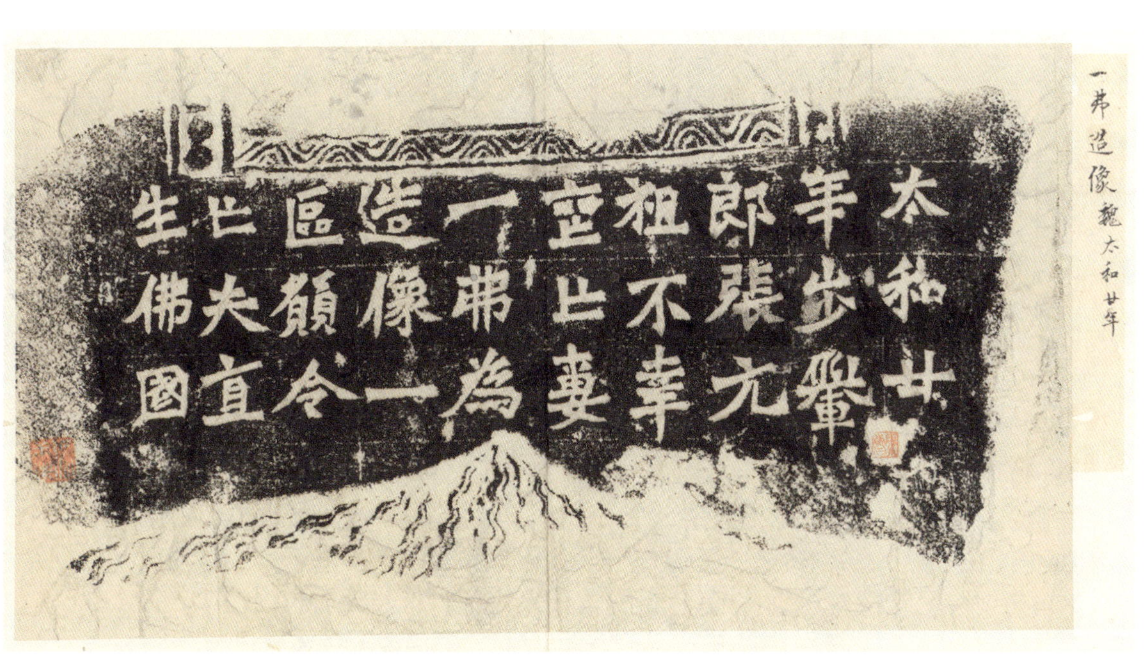

北魏　龙门二十品——一弗造像　496 年　*原石现存龙门古阳洞*

《步辇郎张元祖妻一弗为亡夫造像记》又称《一弗造像题记》。正书，十行，一行三字。造像龛位于古阳洞北壁，是龙门二十品造像龛之一，下方邻比丘惠感造像龛，是龙门二十品中最小的两个造像龛之一。龛高 36 厘米，宽 19 厘米，深 30 厘米。

据造像记文记载，此龛造于太和二十年（496）。步辇郎张元祖在当时可能是一名给帝王荷步辇的地位低微的人，其妻一弗氏为他造的龛也小。康有为评价此造像记的书法是“沉着，劲重”。字数虽少，但却端庄整肃，大气凛然。全篇方笔为主，显得沉着厚重，遒劲沉稳，但在严整之中也不乏灵动、奇崛之笔。

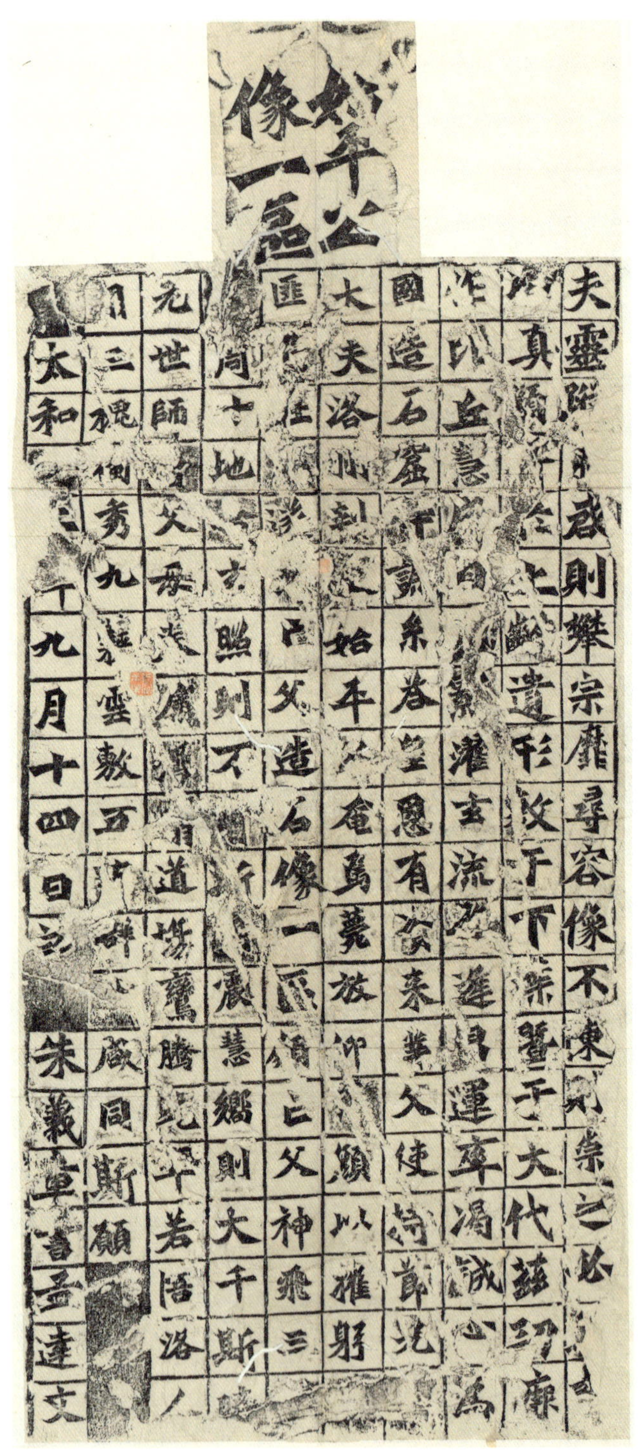

北魏　龙门二十品——始平公造像记 498年　*原石现存龙门石窟古阳洞*

《始平公造像记》，全称《比丘慧成为亡父洛州刺史始平公造像题记》，由孟达撰文，朱义章楷书。该题记位于龙门石窟古阳洞北壁。北魏孝文帝（元宏）太和二十二年（498）九月十四日刻成。此碑文阳刻，在诸多龙门造像题记中特立独出。其书法多方笔取势，转折重顿处尤见方勒峭拔，锋芒凛凛。而其特别处，乃因其为阳刻，线条质感更见斩钉截铁，雄峻非凡。清人胡震评其“方笔雄健，允为北碑第一”。

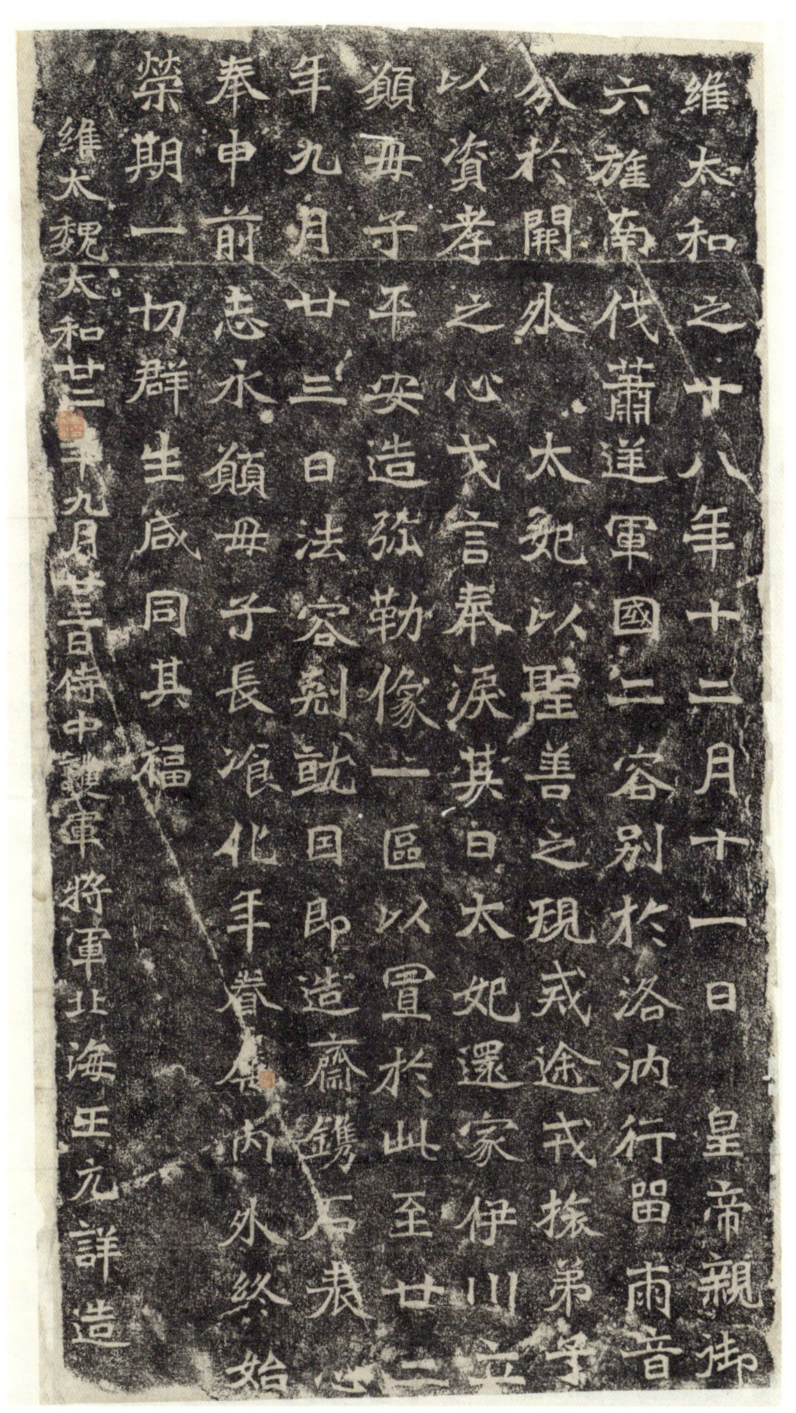
維太和之十八年十二月十一日皇帝親御
六旌南伐蕭逆軍國二容別於洛汭行留兩音
分於闕外太妃以聖善之規戒途戒振弟子
以資孝之心戈言奉淚其日太妃還家伊川立
願毋子平安造彌勒像一區以置於此至廿二
年九月廿三日法容剋就因即造齋鐫石表之
奉申前志永願毋子長浪化年眷屬内外終始
榮期一切群生咸同其福
維太魏太和廿二年九月廿三日侍中護軍將軍北海王元詳造

北魏　龙门二十品——元详造像记　498年　*原石现存龙门石窟古阳洞*

《元详造像记》，全称《北海王元详为母子平安造弥勒像记》，位于龙门石窟古阳洞北壁，刻成于北魏太和二十二年（498）九月。史载北魏太和十八年（494），孝文帝元宏御驾南征，北海王元详正是在此时开始为皇帝及太妃祈福而发愿敬造弥勒佛像，直到太和二十二年竣工而写下题记，因而具有相当的史料价值。题记九行，共计一百五十九字，大多字迹清晰完整。该题记书法气格高迈，点画清隽流便，结字严谨潇洒。康有为《广艺舟双楫》所谓“极意发宕，方笔之极轨”，用以形容《元详造像记》或正允当。

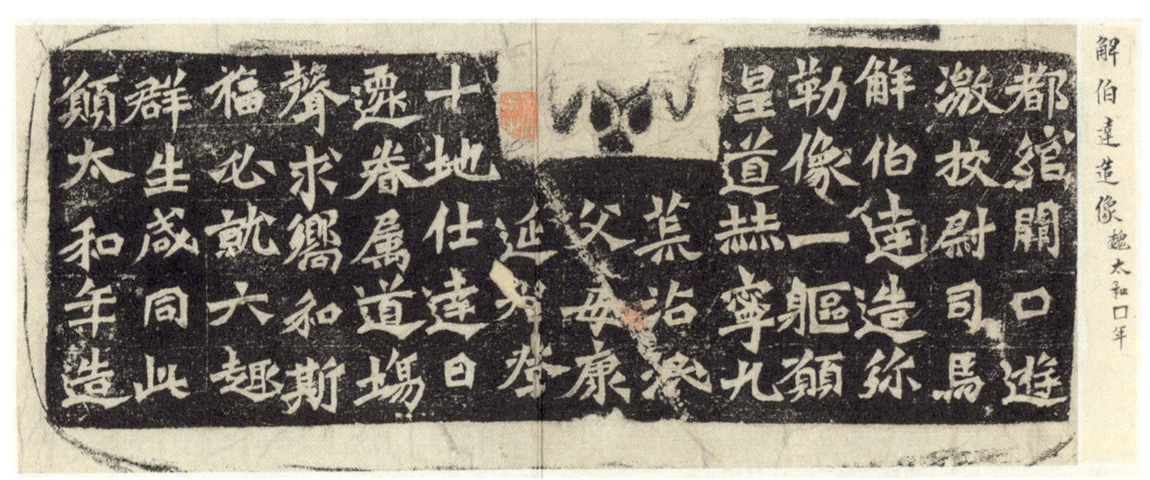

北魏　龙门二十品——司马解伯达造像记　公元 495—499 年　原石现存龙门石窟古阳洞

《司马解伯达造像记》，北魏太和（公元 495—499 年）间刻，在古阳洞北壁。该题记书法具有笔力方峻、气势雄强的时代风度，又能不拘成法地表现出丰富的审美情趣和创造才能。书者在保持以方截、峻厉、雄强为基本特征之同时，复能以多变之笔破除板滞之弊：起笔有直、斜、轻、重之别；波磔作夸张的长脚，犹如刀劈剑削，最是独特；转角有翻折、顿折及圆转之法，灵活换用。可谓诸法兼施，妙相融合，虽为“龙门二十品”中的小品，其书法功力却着实不俗。

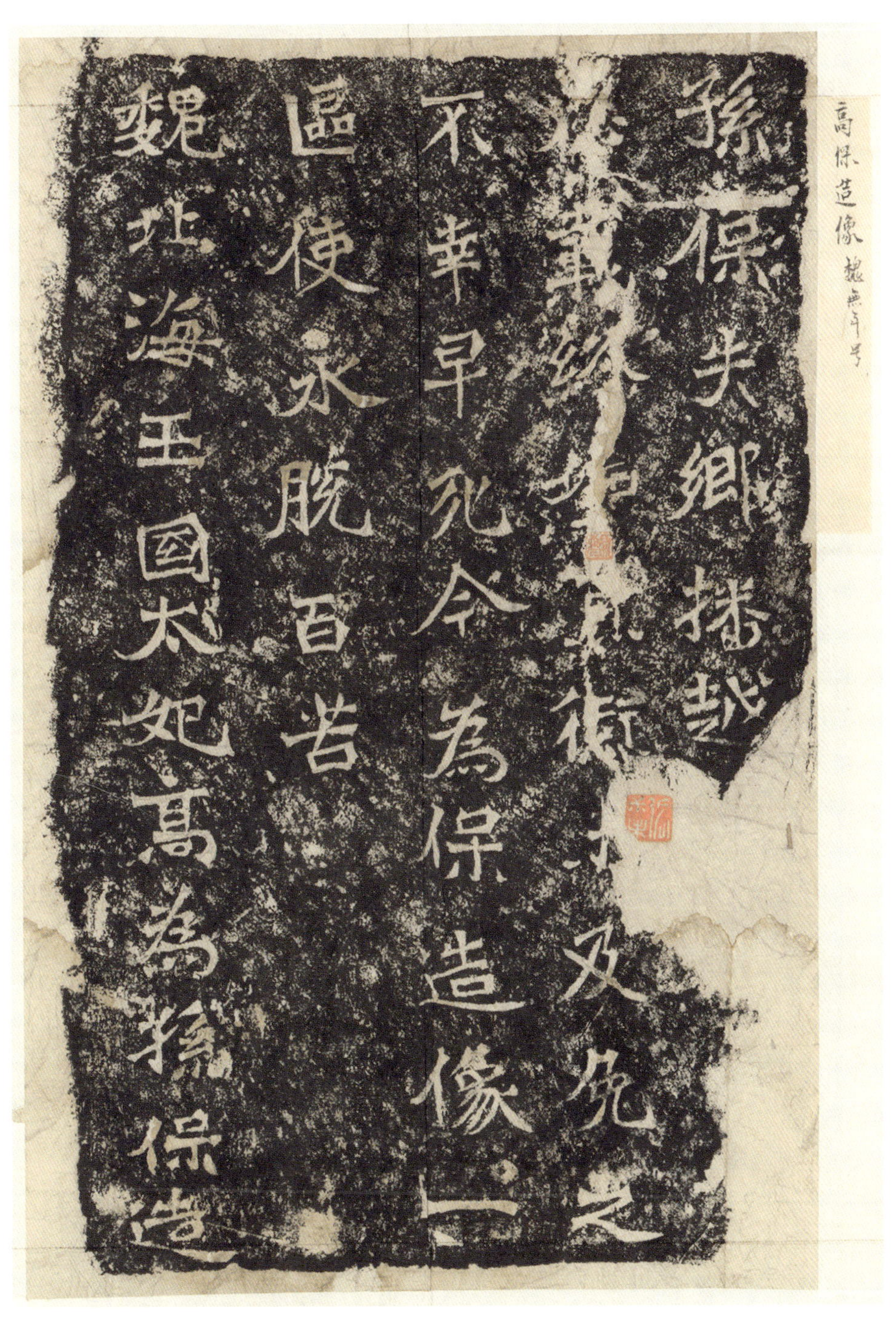

北魏　龙门二十品——孙保造像记　*原石现存龙门石窟古阳洞*

《孙保造像记》，全称《北海王国太妃高为亡孙保造像记》，约刻于太和、景明年间，在古阳洞顶部。记述了高太妃为亡孙元保能往生极乐净土，免遭夭折之痛苦而专门供养修造弥勒像一躯，祈愿元保能"永脱百苦"之事。该题记书法与其余各品的浑穆之风颇为不同，属清新秀丽一路。康有为赞北碑十美中有四句可概括其大体风貌："笔法跳跃，意态奇逸，精神飞动，兴趣酣足。"此品章法平和自然，单字结构却体态各异，倚正相生，字形重心偶作偏移却不失势，显得意趣酣足。作者用笔精熟，单字点画形态之变化微妙而灵动，用笔的轻重对比强烈，肥瘦相陈，具有强烈的书写意味和明快的运笔节奏。这种变化恰又与全篇章法相呼应，允称妙合。

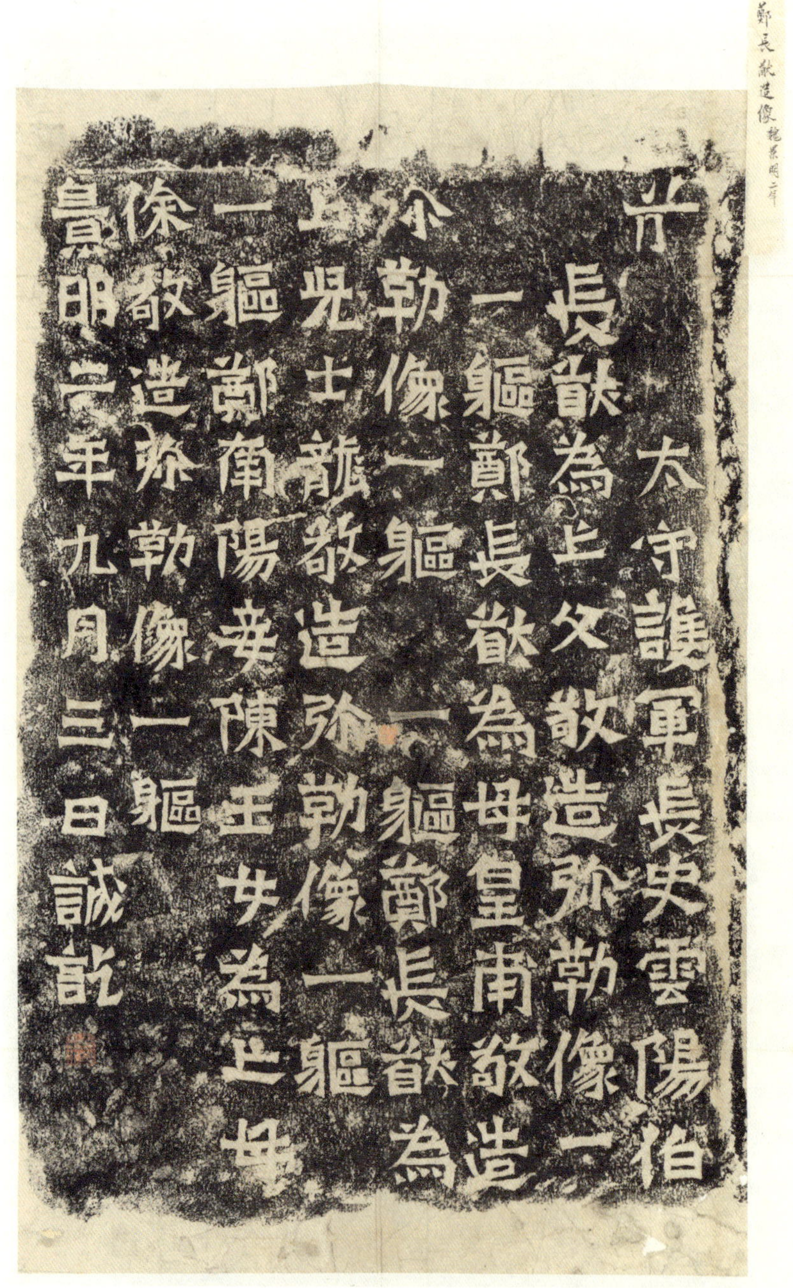

北魏　龙门二十品——郑长猷造像记　501年　*原石现存龙门石窟古阳洞*

《郑长猷造像题记》，全称《云阳伯郑长猷为亡父母等造像题记》，刻成于景明二年（501）九月三日。记景明二年郑长猷为亡父、母皇甫、亡儿士龙，以及其妾陈玉女为亡母徐，各造弥勒像。

康有为认为，北朝楷书承续魏晋楷书之变，碑刻中血缘最近的当属“龙门二十品”中沉着劲重这类。这些碑刻亦带有浓重的隶意，用笔在刀凿施加的变化下呈现出点画锋芒角出、转折棱角觚突的方整厚重、恣肆雄奇之势态，其中《郑长猷》尤其突出。康有为《广艺舟双楫・体系篇》第二段称其“真楷之始，滥觞汉末”。

沙孟海在《漫谈碑帖刻手问题》中列举了两个例子说明碑版刻手粗劣的问题，其中一个即是《郑长猷造像记》。他认为，此造像记文理不甚通顺，写手亦稚拙。

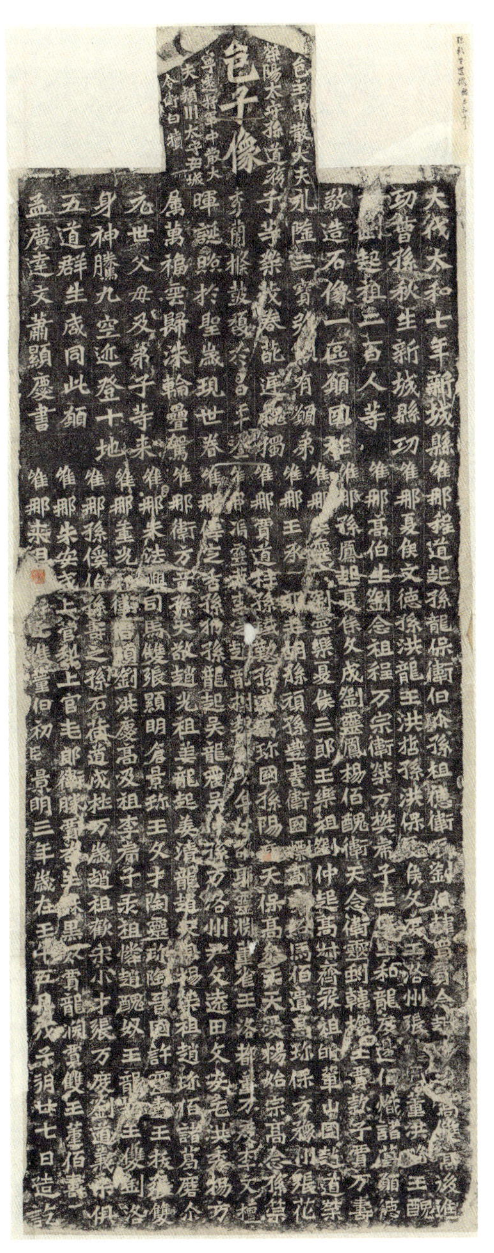

北魏　龙门二十品——孙秋生造像记　502 年　*原石现存龙门石窟古阳洞*

《孙秋生造像记》，全称《孙秋生、刘起祖二百人等造像记》，北魏景明三年（502）五月刻，孟广达文，萧显庆书。古阳洞内两侧壁上层的八大龛，是龙门石窟开凿最早的造像龛，孙秋生造像龛即是其中之一，它位于古阳洞南壁。该造像碑文分为三部分，自上而下，第一部分为额题，第二部分为发愿文，第三部分为邑子题名，共刻人名 139 人（如加上发愿文中的 4 人，则总计 143 人），题名末尾注明“景明三年岁在壬午五月戊子朔廿七日造讫”。

该题记书法，用笔遒劲峭拔，结字朴厚茂密，章法行列齐整，厚重处益见生气，稚拙处益显巧思。康有为《广艺舟双楫·余论第十九》评价龙门题记时说：“……结体之密，用笔之厚，最其显著。而其笔画意势舒长，虽极小字，严整之中，无不纵笔势之宕往。”康有为的这段评价用以形容《孙秋生造像记》所渗透出的古宕渊懿之气，最为恰当。

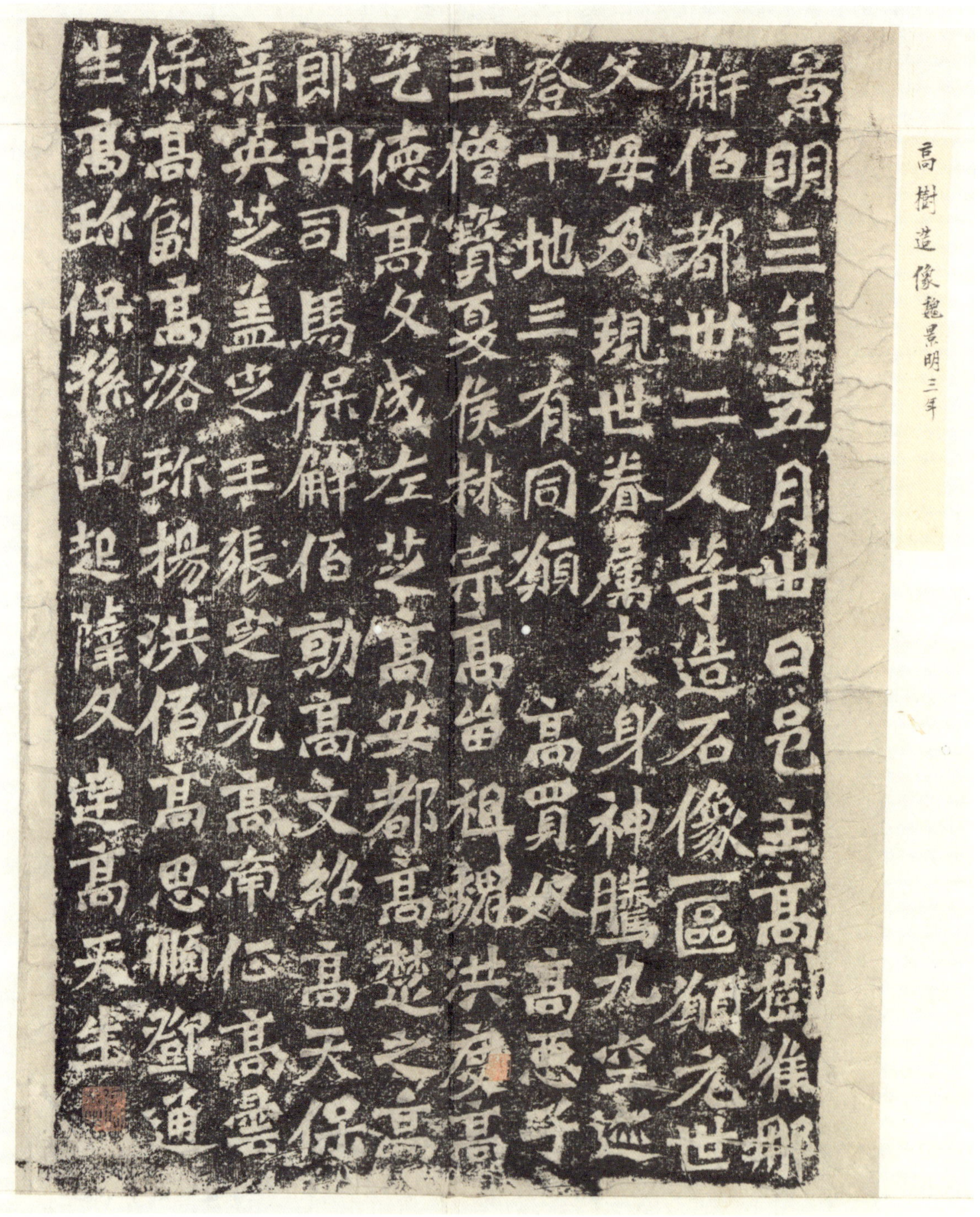

北魏　龙门二十品——高树造像记　502 年　*原石现存龙门石窟古阳洞*

《高树造像记》，全称《邑主高树、唯那解伯都卅二人等造像题记》，刻于景明三年（502）五月。记载邑主高树、解伯都等三十二人的邑社造像，共同祝愿仙逝的父母及在世眷属拥有来生之福祉。该题记和造像龛位于古阳洞北壁右侧，与《一弗造像记》为邻；又与《孙秋生二百人造石像记》同年同月完工，发愿文内容也大致相同。正书十行，行十四字，末行十三字，共一百三十九字，书法峻整劲健，古奥雄强。

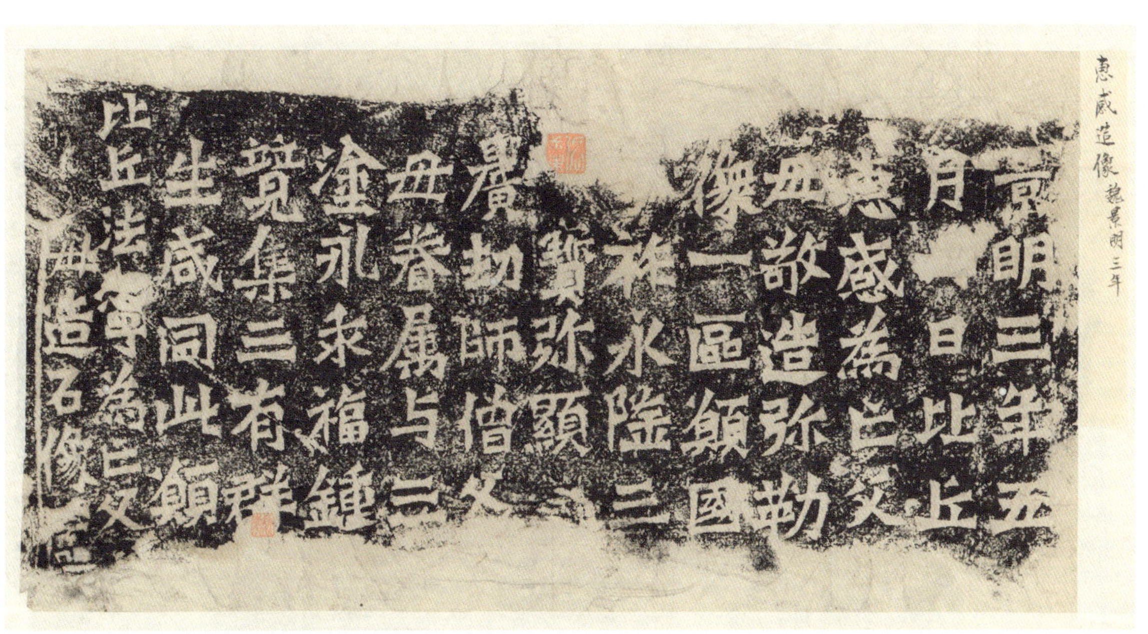

北魏　龙门二十品——惠感造像记　502 年　*原石现存龙门石窟古阳洞*

《惠感造像记》，正书，十四行，行五字。原有七十字，书法沉劲方重，犹存隶意。景明三年（502）五月刻。清康有为《广艺舟双楫》说：“北碑中若《杨大眼》《魏灵藏》《惠感》诸造像，巨刃挥天，大刀斫阵，无不以险劲为主。若不得执笔之势，如何能之？”当代书法理论家祝嘉在《书学论集》中评价《惠感造像记》道：“隶意很深，是善于用拙的。古碑用拙多于用巧，即所谓‘宁拙毋巧’，不是力劲笔熟是办不到的。结构上奇特的也多，像‘父’字上右一点，竟向上撇去，但仍见其紧凑，未曾离散。‘敬’字本来可以使其平衡的，但又故使其不平衡。各字画多含蓄，笔短意长，是很可爱的。”

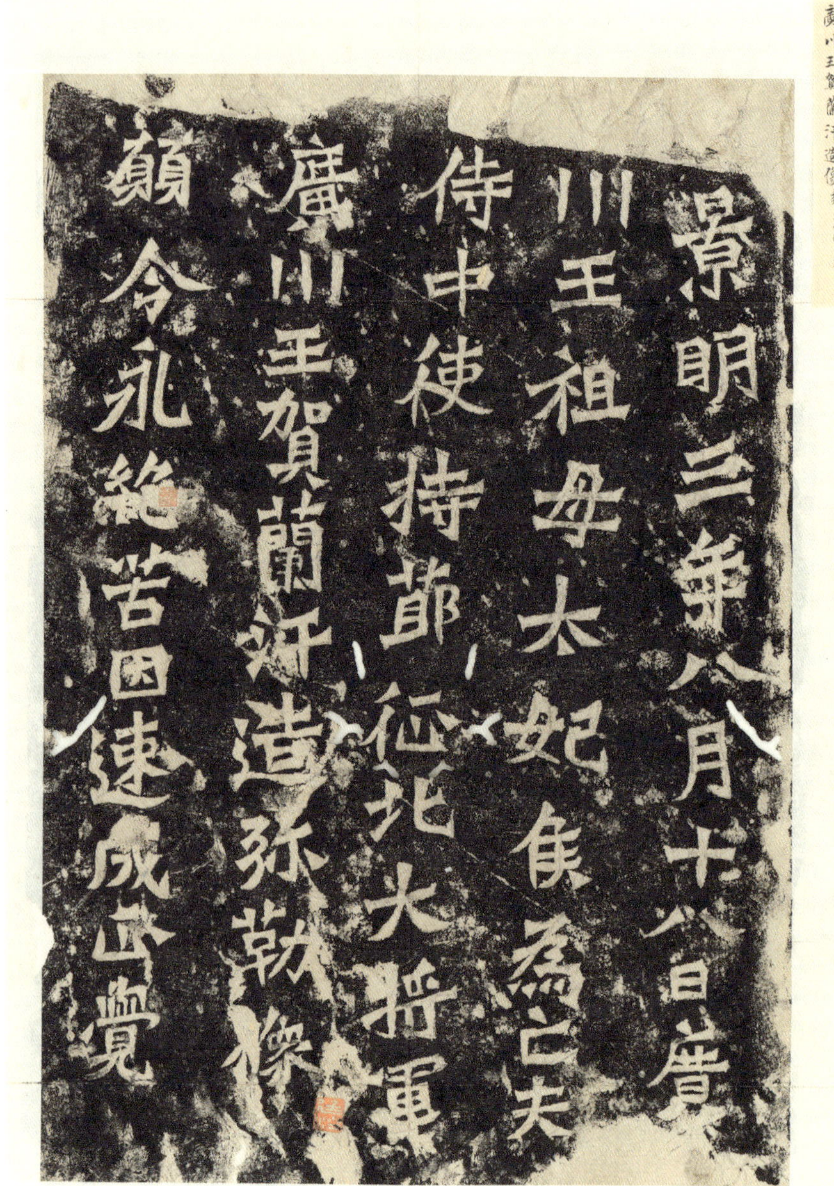

北魏　龙门二十品——贺兰汗造像记　502年　*原石现存龙门石窟古阳洞*

全称《广川王祖母太妃侯为亡夫广川王贺兰汗造像记》，北魏景明三年（502）八月刻。广川王（灵遵）的祖母侯氏为亡夫贺兰汗造像而记。先刻题记，第二年侯氏再造弥勒像。史载广川王曾世袭三代，第一代贺兰汗于延庆二年（472）被封为广川王，位中都大官，太和四年（480）卒。其子谐袭位，太和十九年（495）谐病故，高祖孝文帝曾“素服深衣哭之”。后其子灵遵再袭爵第三代广川王。

《贺兰汗造像题记》通篇50字，一气呵成，以隶法入书，面目俊俏伟健，气韵贯通汉晋，笔法奇逸，刀法朴茂方拙。康有为《广艺舟双楫》谓其“如白门伎乐，装束美丽”。书法理论家祝嘉认为，《贺兰汗造像记》的字大小参差，以斜为正，章法变化很大，而且肥得可爱。他评价此造像记道：“此刻有五十字，字大笔法容易见，是可以学的。但遇到欹斜的字，不妨写正些，不必学其斜势。操笔未熟，笔力未健，万勿效颦……此刻用拙处多，但不是真拙，所以可爱。”

北魏　龙门二十品——马振拜造像记　503 年　*原石现存龙门石窟古阳洞*

全称《邑主马振拜和维那张子卅四人为皇帝造像记》，北魏景明四年（503）八月刻。以马振拜为“邑主”，张子等为“维那”而造成的“邑子像”。正书，九行，行十五字。额正书“邑子像”三字。最初选拓的“龙门二十品”中无此题记，康有为提出质疑，方岩《校碑随笔》以《优填王》为唐刻而删去。顾燮光《梦碧移石言》亦如此。书法峻丽，别有风味。

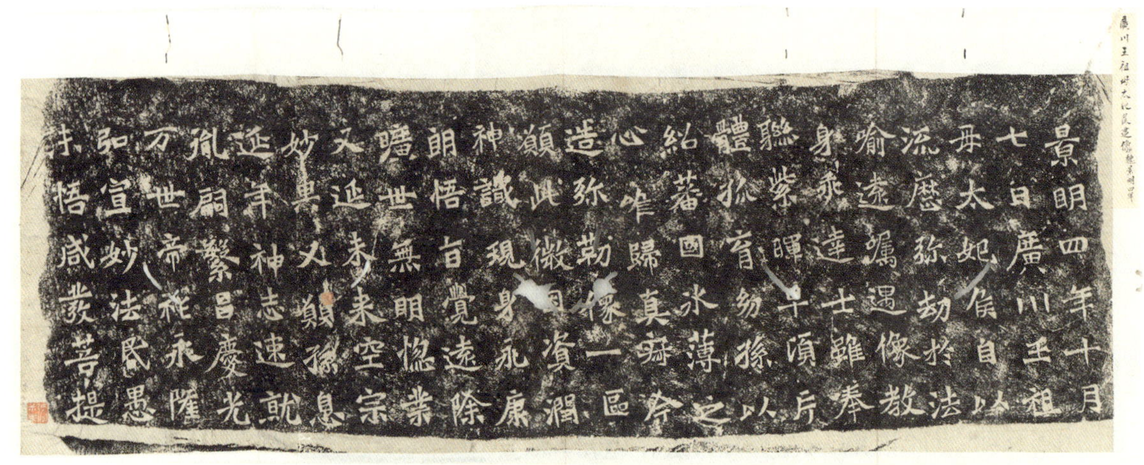

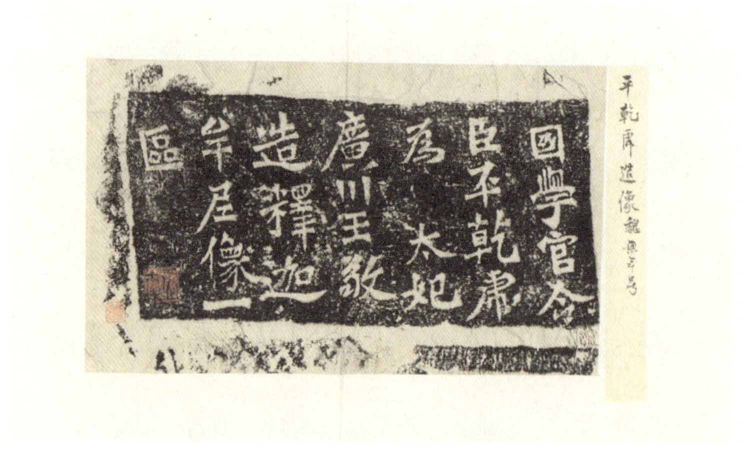

北魏　龙门二十品——太妃侯造像题记　503年　*原石现存龙门石窟古阳洞*

全称《广川王祖母太妃侯为幼孙造像记》，景明四年（503）七月刻。广川王祖母太妃侯氏在为亡夫广川王贺兰汗造像的第二年，又为其幼孙第三代广川王灵遵造弥勒像一躯，倾诉她“孤育幼孙，以绍蕃国”的“冰薄之心”。正书，二十九行，前二十二行一行六字，字较大；后七行一行四字，字较小。

康有为《广艺舟双楫》谓其端方峻整，并列为“能品上”。其字点画丰满，俯仰向背各有姿态，相似《石门铭》，横画起笔出锋斜按，收笔向右上方斜挑，左低右高的倚侧之态十分明显，颇具隶书意味，整个结体，上松下紧，显得活泼多姿，方朴中蕴涵着灵动。

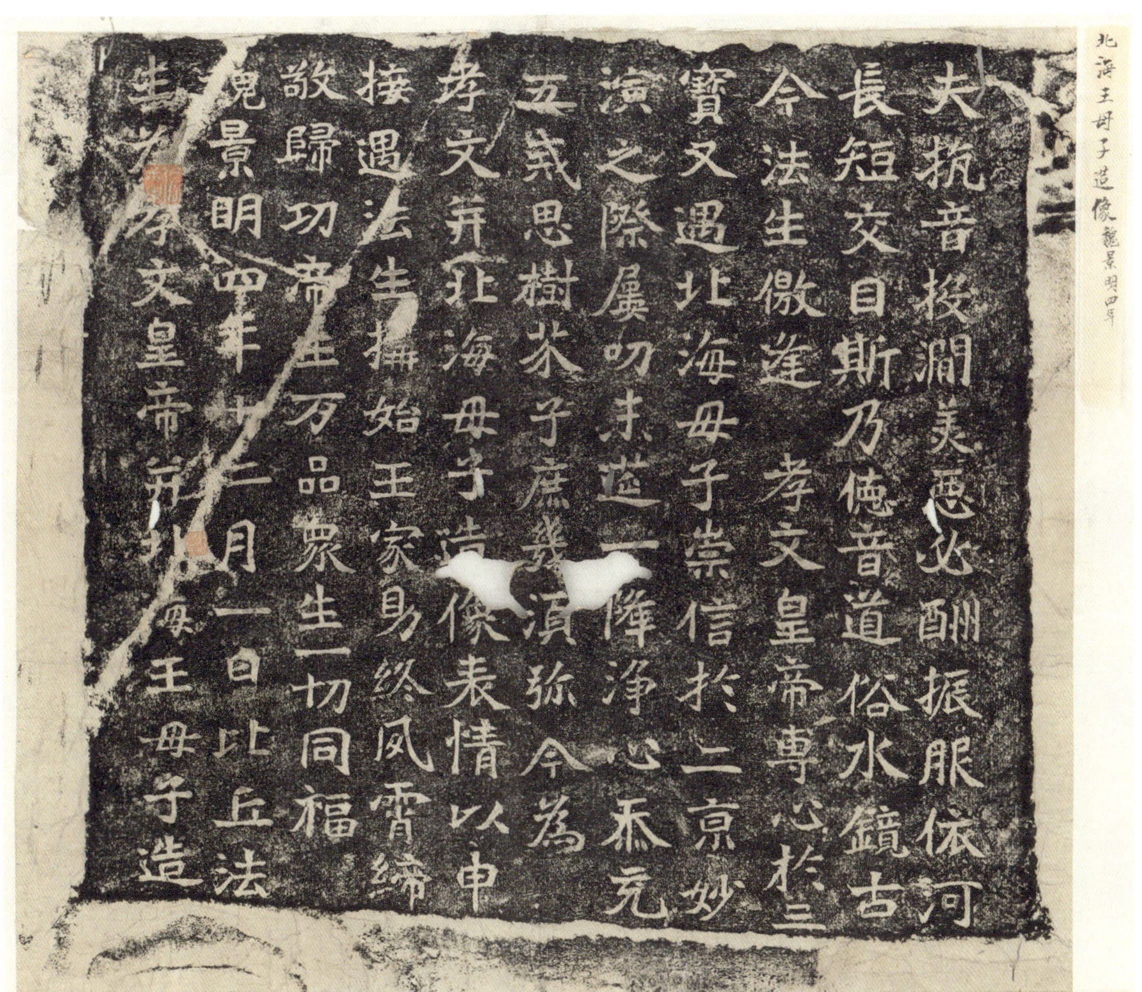

北魏　龙门二十品——比丘法生造像记　503 年　原石现存龙门石窟古阳洞

全称《比丘法生为孝文皇帝并北海王母子造像记》，北魏景明四年（503）十二月刻。正书，十一行，行十三字。法生是曾得到孝文帝及北海王元祥母子赏识的僧侣。此像可能是他发愿建造，并获得北海王母子援助完成的。

康有为《广艺舟双楫》谓其“秾华丽美，并祖钟风”。

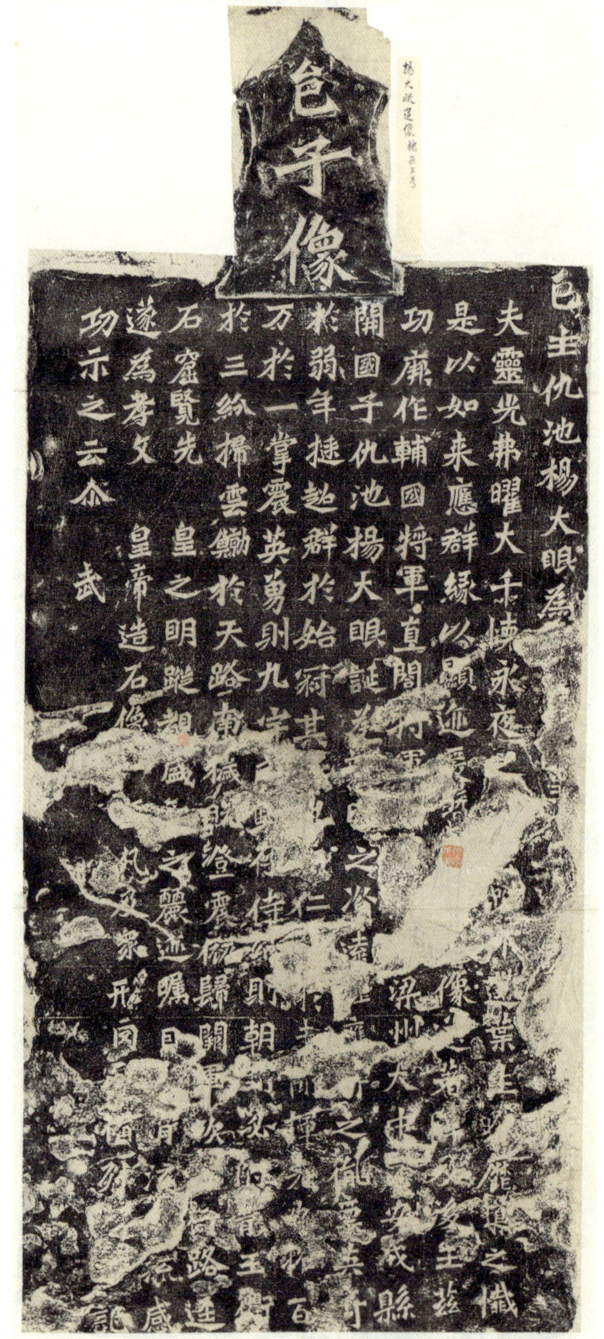

北魏　龙门二十品——杨大眼造像记　*无纪年　原石现存龙门石窟古阳洞*

又称《辅国将军杨大眼为孝文皇帝造像记》，无刻石年月。杨大眼为北魏的勇将，《魏书》《北齐书》《南齐书》均有他的传记，世宗初年被封为安成县开国子，食邑三百户，除直阁将军，随即加封辅国将军、东荆州刺史。宣武帝景明初年，杨大眼曾奉命征伐南朝的梁，凯旋回朝时，路过龙门，见满山庄严雄伟的石窟和造像，遂作此造像题记。

《杨大眼造像记》的书风与《始平公造像记》相似，用笔方峻，茂密雄强，整齐划一，字势多左倾，严谨而又不呆板。康有为《广艺舟双楫》评此记云：“若少年偏将，气雄力健，为峻健丰伟之宗”。

北魏　龙门二十品——元燮造像题记　507年　*原石现存龙门石窟古阳洞*

又称《安定王元燮为亡祖亡考亡妣造像记》，北魏正始四年（507）二月刻。正书，十三行，行九字。可见九十五字，并有浅刻佛像二幅。书法峻荡奇伟，开张洒脱。此记字体的横画，仍残留隶书横画的波磔。其中有些字已漫漶不清。康有为《广艺舟双楫》评："《元燮造像》如长戟修矛，盘马自喜。"

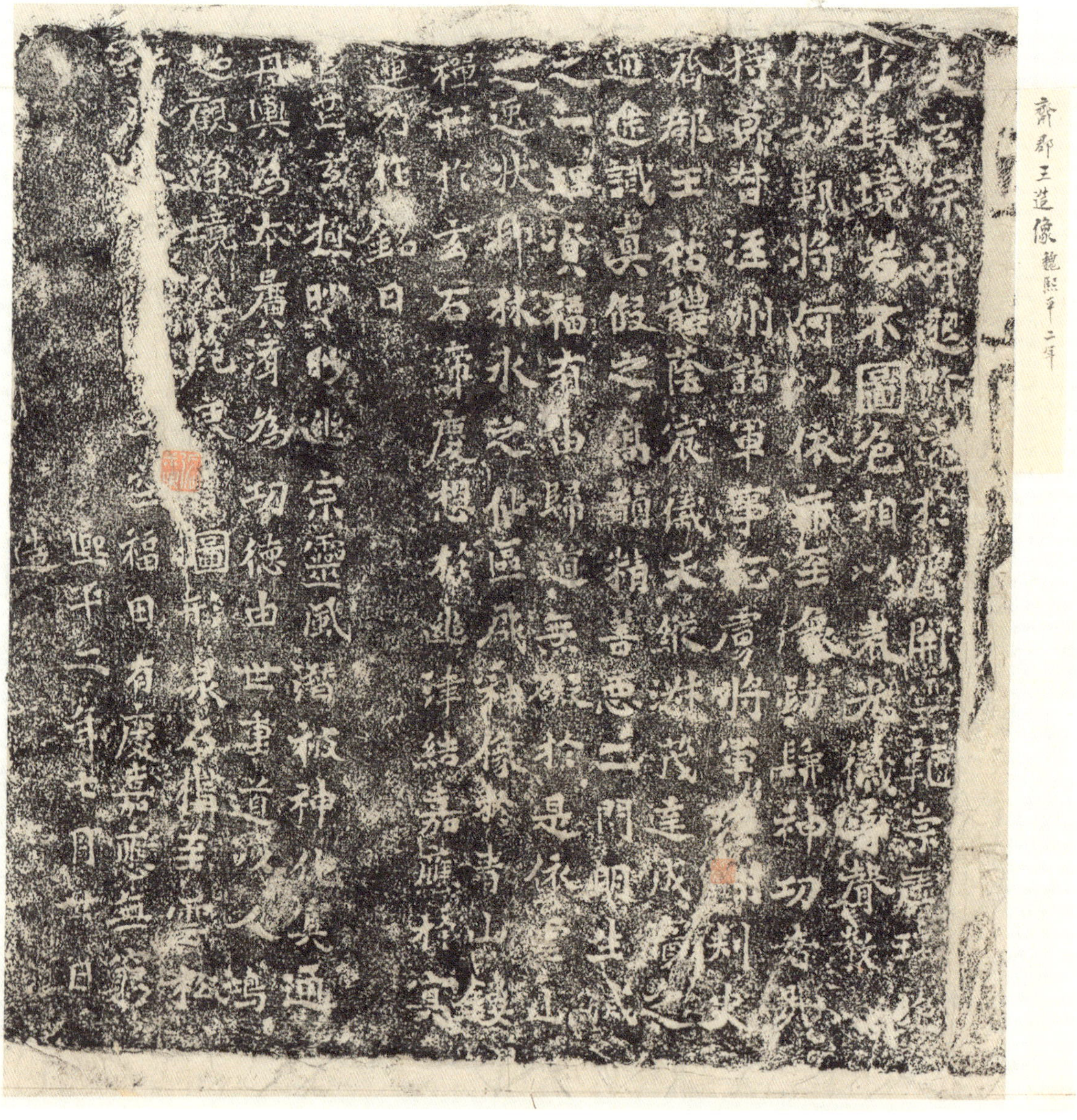

齊郡王造像 魏熙平二年

北魏　龙门二十品——齐郡王元祐造像记　517 年　*原石现存龙门石窟古阳洞*

元祐，文成帝拓跋濬之孙，齐郡王元简之子，孝文帝的堂兄弟。太和末年（499）元简去世，元祐袭父爵封齐郡王，后官至泾州刺史，其母也被封为齐国太妃。元祐于神龟二年（519）卒于洛阳，年仅 32 岁。元祐是一个颇有才气与灵性的皇家显贵，其墓志称他“锐志儒门，游人文苑，访道忘食，从义遗忧”，因此其造像记碑也显得文体殊别，字句铿锵，被认为是一篇极好的祭文。此记字体端正，笔法收敛，字形俊朗。

北魏　龙门二十品——慈香造像记　520 年　*原石现存龙门石窟*

全称《比丘尼慈香、慧政造像记》。这是“龙门二十品”中唯一在古阳洞之外的一品，它位于老龙窝北面的慈香窑主佛下部偏南，造像年代也是二十品中最晚的，当于北魏孝明帝神龟三年（520）。正书，十行。碑文记述了慈香、慧政出家为尼的心境，希望“腾无碍之境”，乃至“延及三从”，照顾到天下所有的女子。

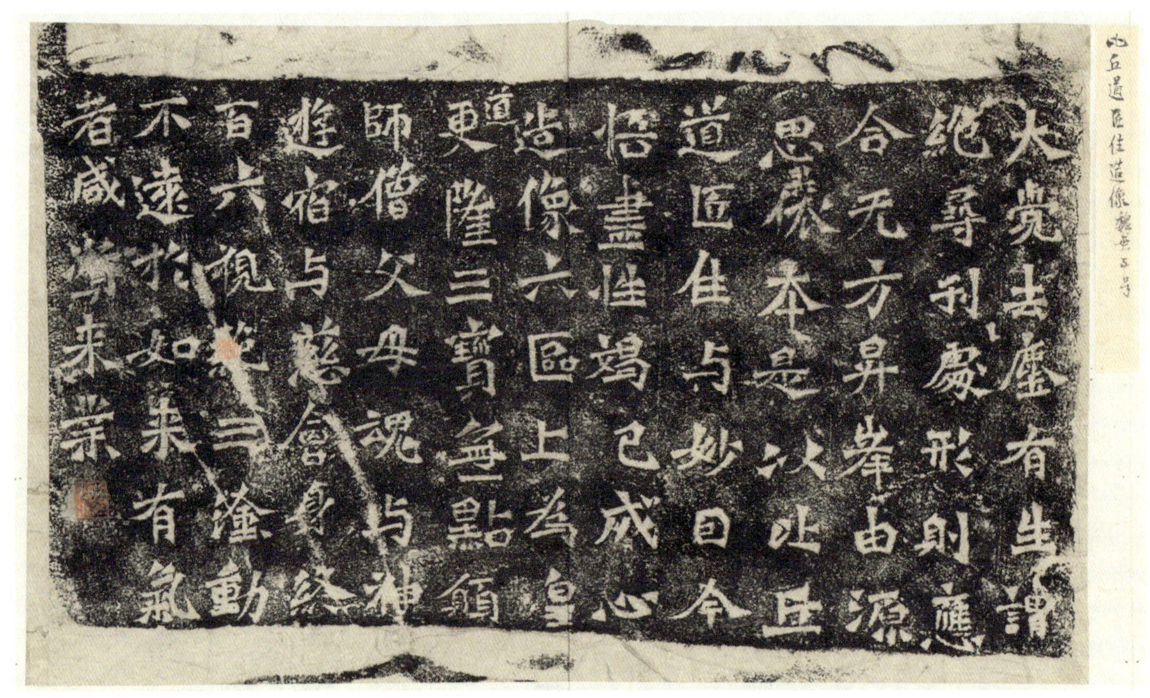

北魏　龙门二十品——比丘道匠造像题记　*无纪年　原石现存龙门石窟古阳洞*

全称《比丘道匠为师僧父母造像记》，无造像纪年，依据其风格和所处位置，当在北魏孝文帝太和末年和宣武帝景明初年间。造像记位于大龛右侧，小龛中间，高 22 厘米，宽 46 厘米。内容是：比丘道匠造像六区，“上为皇道更隆”，愿与亡故的师僧父母“魂与神游”。

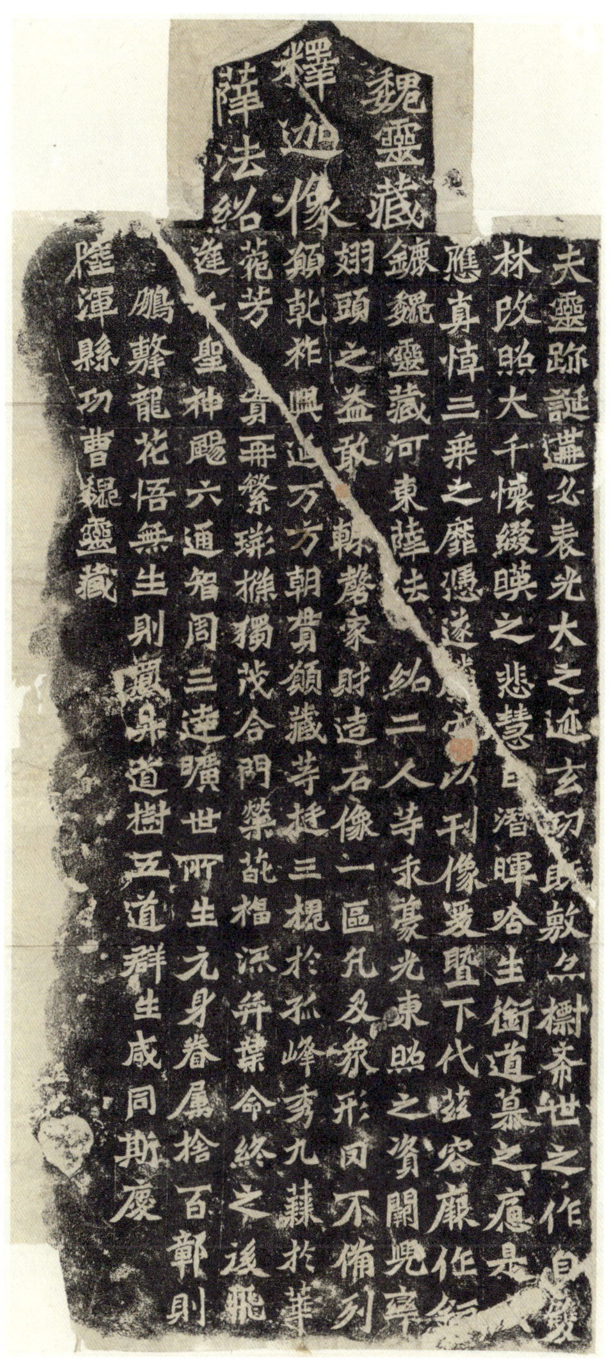

北魏　龙门二十品——魏灵藏造像记　*无纪年　原石现存洛阳龙门石窟*

全称《陆浑县功曹魏灵藏薛法绍造像记》，题记楷书十行，行二十三字。有额，楷书三行九字，额中间竖题“释迦像”，字略大于两侧，额左题“薛法绍”，右题“魏灵藏”。北魏造像习惯用别体字，此题记尤多。

魏灵藏为陆浑县功曹。陆浑县属洛州管辖，是由龙门上溯伊水五十公里上游的一个县，为今河南嵩县的下流处。此记是该县功曹巨鹿人魏灵藏与河东薛法绍等人祈愿所造的。

书法与《杨大眼》相类，险劲峻拔、笔力雄厚、多用侧锋、俊美之中又含朴拙、结体端庄缜密、刀法严整锐利，为龙门代表作之一。杨守敬在《平碑记》说它“以灵和胜”。

东魏　高湛墓志　539 年

全称《魏故假节督齐州诸军辅国将军齐州刺史高公墓志铭》，清乾隆十四年（1749）山东德州运河岸崩时出此石。与北魏《高庆碑》《高贞碑》齐名，合称“德州三高”。

此志书法秀劲温雅，字形方扁，运笔雅正含蓄。杨守敬评为骨格整练，谓“褚河南似从此出”，康有为将此志与《刁遵墓志》等并举，称“《刁遵》为虚和圆静之宗，《高湛》《刘懿》辅之”。

此志出土时几无损字，初拓本首行“魏”字、第二行“遐流”二字不损，后损字日多。现藏二拓本中，存字较多者符合初拓本特征，堪与国家博物馆藏初拓精本相媲美。

东魏　敬使君碑　540年　原石现存河南长葛市老城镇第一中学

全称《禅静寺刹前铭敬使君之碑》，清乾隆三年（1738）出土。

此碑为魏碑名品之一，书法婉雅朴厚，结体近方，笔画略呈弧形，间有与《张黑女墓志》相契合者，在北朝碑刻中别具一格。碑文长达二千五百余字，可谓洋洋大观，且无漫漶，刻工极为精严，颇能传达原书笔意。

杨守敬认为此碑“独有篆意，古意精劲，不肯作一姿媚之笔，自是老成典型”，“化方为圆，暗用篆笔，而流美无对”。康有为列此碑为“逸品上”，并谓其笔法“圆劲遒厚”，“以浑逸开生面”，“为静穆茂密之宗”。

北齐　泰山金刚经　约 550—559 年　原石位于山东泰安县泰山经石峪花岗岩溪床

《泰山金刚经》，字径约 50 厘米，字体介于隶楷之间，据民国初拓本计，存九百六十余字。是现存摩崖石刻中规模空前的巨制。

通篇文字气势磅礴，包融篆隶而妙化为楷。结构舒博壮健，颇含浑穆宽阔之趣，又能奇正相生，富于变化。用笔安详从容，风神澹泊，雍荣大度。

《泰山金刚经》影响极大，历来著评甚多。包世臣认为："北魏书，《经石峪》大字、《云峰山五言》《郑文公碑》《刁惠公志》为一种，皆出《乙瑛》，有云鹤海鸥之态。"杨守敬云："北齐《泰山经石峪》以径尺之大书，如作小楷，纡徐容与，绝无剑拔弩张之迹，擘窠大书，此为极则。"康有为称："《经石峪》为榜书之宗。"

北齐　赵郡王高睿修寺碑　558 年　原石现藏河北博物院

此碑为纪念北齐赵郡王高睿扩修幽居寺而立，详述定国寺禅师僧标创始该寺，赵郡王任定州刺史时拓而新之，更建灵塔的史实。碑文用典驯雅工仗，行文繁丽多致，惜书、撰人无从考证，原在河北灵寿县幽居寺遗址内。

碑文存字甚多，写、刻俱佳，为庙堂巨制。碑文结体左右横撑，微带斜势，宽展中蕴险绝；笔法基本为纯正的楷书用笔，方笔为主，兼有轻巧圆转之处，个别横画收尾处呈现波挑，微带隶意，是北齐楷书中的精品力作。

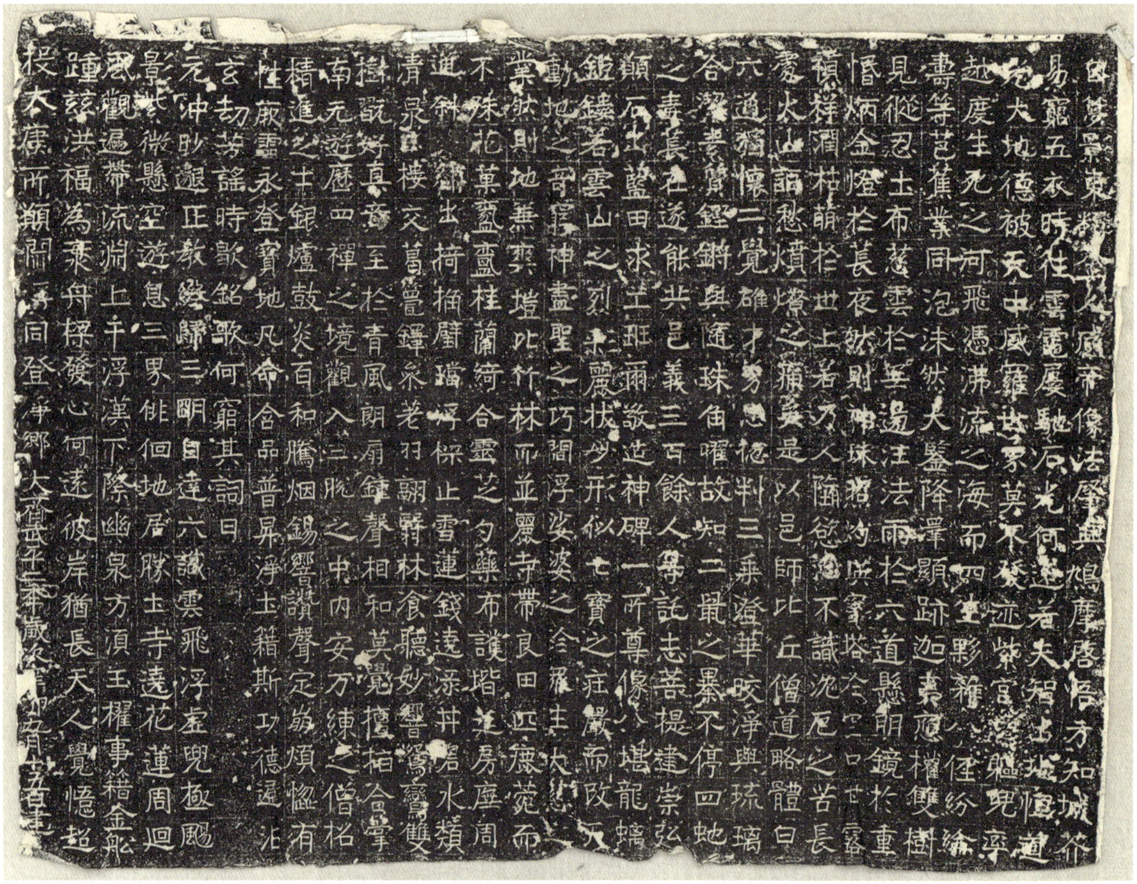

北齐　比丘僧道略等造神碑尊像铭　571年　*原石现藏偃师商城博物馆*

此铭为现存四块北齐平等寺造像碑之一，原位于汉魏洛阳故城东300米的寺里碑村南，记载僧人道略等三百人造像之事，兼弘扬佛教教义。碑文为楷书，结构宽展平正，用笔劲挺，偶杂篆书构型和隶书波挑，使字体既具装饰性，又不失古质之意，属于典型的北齐书风。

北齐　建兴寺轨禅师及法义造像碑　574 年　原石现藏山东泗水县文化馆

此碑记载僧众造像之事，历来著录甚少，仅清人法伟堂《山左访碑录》有记载。后埋于地下，1979 年在泗水县寺台村发现，秦公《碑别字新编》中收录此碑之字。碑文为楷书，字形平画宽结，笔画厚重饱满，起笔、转折处方圆兼备，个别横画末尾略有波磔，带有隶书意味，下可与隋代《曹子建碑》、唐代颜真卿楷书血脉相通。

南朝

南朝宋　爨龙颜碑　458年　原石现存陆良贞元堡小学

《爨龙颜碑》始建于南朝刘宋孝武帝大明二年（458），建宁爨道庆撰文，益州杜苌子刻碑。与《爨宝子碑》合称“二爨”，又因其更为高大而称“大爨碑”。爨龙颜不见于史籍，而碑文详细记载了爨氏的历史及祖孙三代的仕历。爨氏为东汉末至唐初著名的“南中大姓”之一，是当时滇东和滇池地区的世袭统治者。此碑对于研究爨氏历史及其政权的组织机构、礼乐制度和民族关系等具有重要价值。碑文书法用笔以方整为主又兼有圆转笔法，结体雄强茂美，大气磅礴，书家对它多有推崇。清道光年间，金石学家、收藏家阮元任云贵总督时访得，于是大显于世。康有为《广艺舟双楫·碑品》中将《爨龙颜碑》列为“神品第一”，赞其“下画如昆刀刻玉，但见浑美；布势如精工画人，各有意度。当为隶楷极则”。

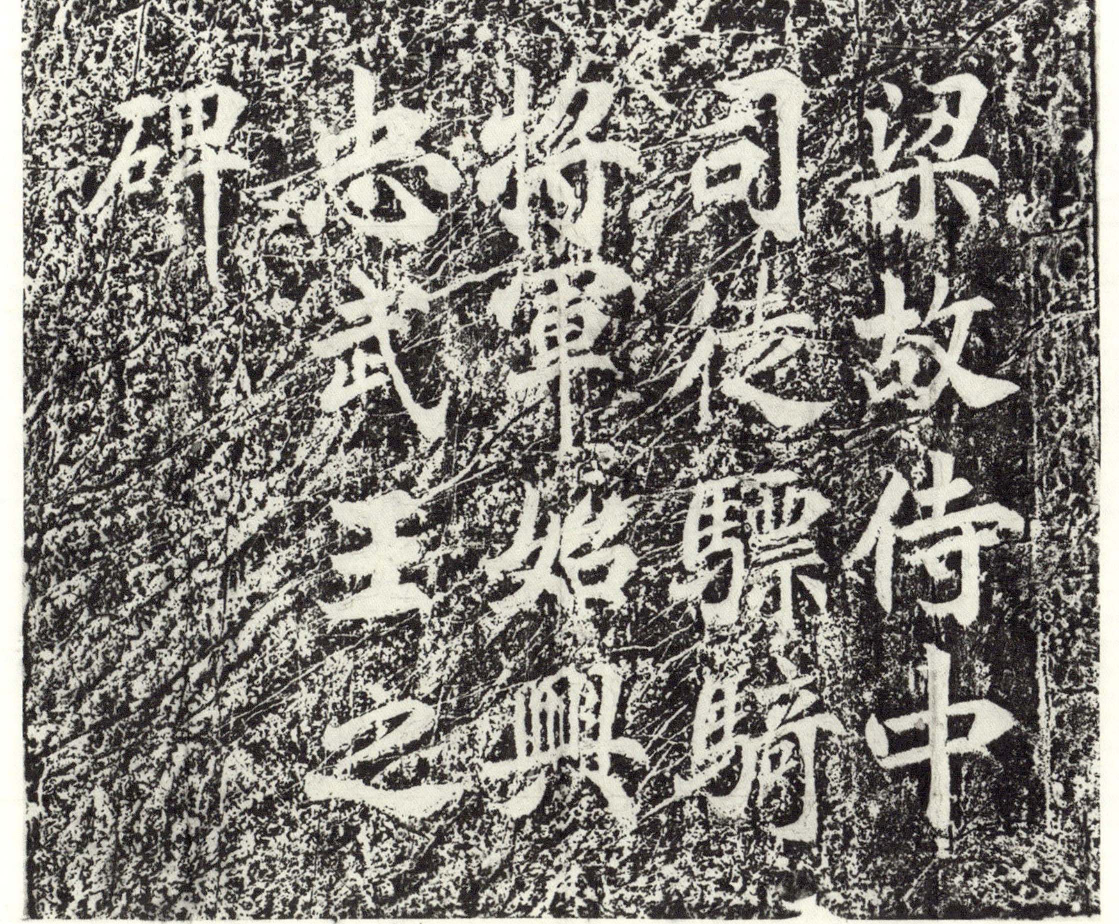

南朝梁　萧憺碑碑额　522 年　*原石现存南京甘家巷*

《梁故侍中司徒骠骑将军始兴忠武王之碑》为南北朝时南梁宗室萧憺之碑。徐勉撰文、贝义渊书丹、郜元上石、房贤明刻字。萧憺（478—522），梁文帝萧顺之十一子，梁武帝萧衍弟，为人孝悌，治理荆楚多年，惠及百姓，深受官民爱戴。《梁书》《南史》《资治通鉴》有载此人，事迹亦与此碑碑文相为印证。碑文拓片未录，碑额书法遒劲，笔势飞动，结字峻拔，兼有碑帖特征。其兄萧衍在书法史中有相当地位，或对此时期的书风形成有相当的推动作用。

隋

隋　曹子建碑　593 年　原石现存山东东阿西八里鱼山祠

《曹子建碑》立于隋文帝开皇十三年（593），又称《曹植碑》《陈思王碑》。碑文小叙了曹植生平，辞藻富丽，对其过人的文才大加赞颂。碑文二十二行，行四十三字，正书，参杂篆隶俗体，错综变化，浑为一体。书法遒劲丰腴，浑厚圆劲，受北齐刻经书风余荫，方俊严整处骨力犹有过之。此碑对了解南北朝隋唐书法史，有着重要的学术意义，尤在书法继承与创新方面有许多值得借鉴之处。康有为《广艺舟双楫》评之为“快刀斫阵，雄快峻劲”。

隋　贺若谊碑　596 年　原石现存陕西兴平市文庙

贺若谊，字道机，河南洛阳人。隋代将门之后，历官多州刺史，拜大将军、海陵郡公，进位柱国。石刻落成于隋开皇十六年（596）。《全隋文》有载此篇碑文内容，其中不可辨识内容颇多，可知清代时此碑已破损严重。碑文书法峻拔秀挺，骨气洞达，宽博宏爽，平中见奇。《石墨镌华》卷一有称其为“唐初诸人前茅”。

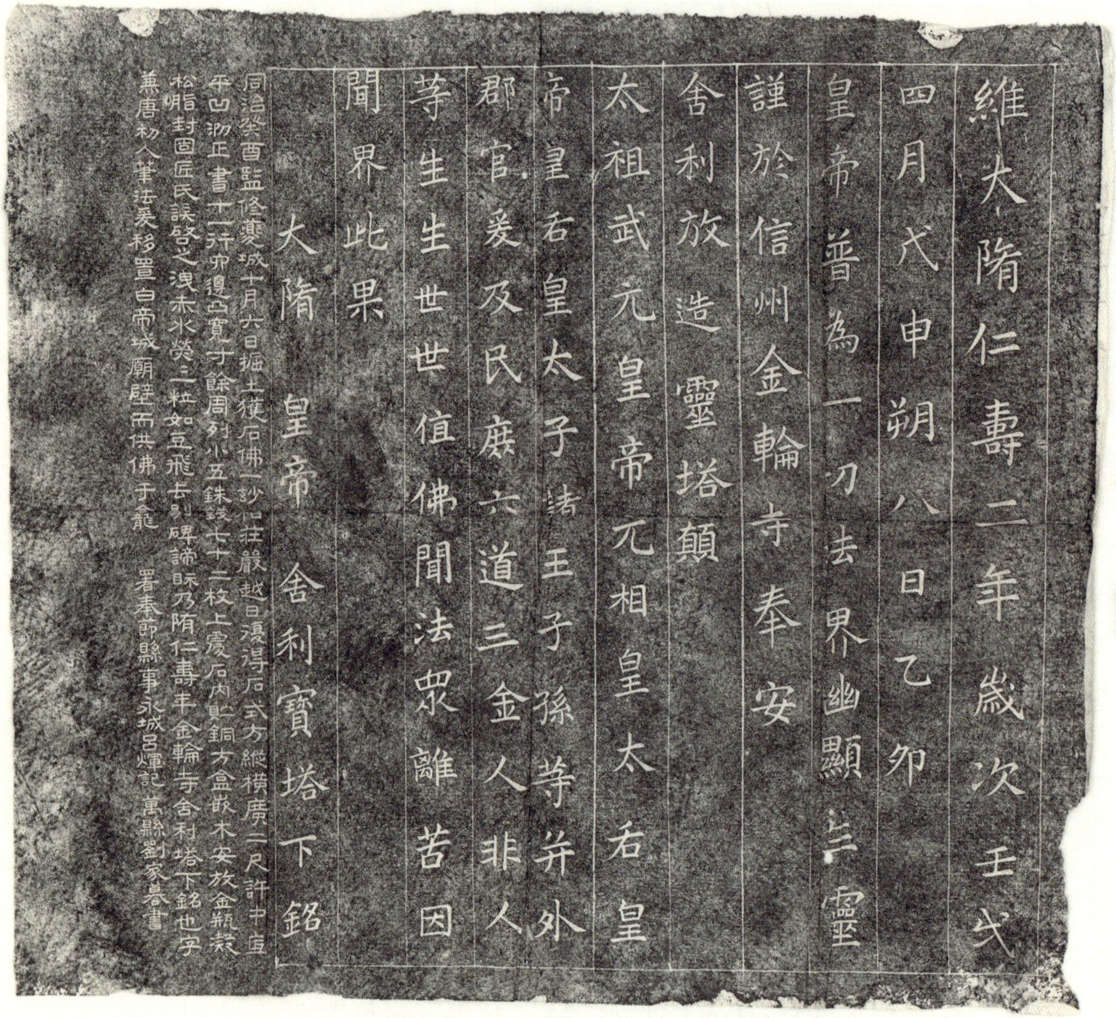

隋　舍利塔铭　602年　原石现藏重庆白帝城博物馆

《隋舍利放造塔颠铭》为隋仁寿二年（602）立于信州金轮寺舍利放造塔塔顶的铭文。同治年间修夔城，挖掘土地得此碑，移至白帝城庙，供于佛龛。碑文正书十一行，有列格。隋代接续北朝，民众信奉佛教，存世隋碑中多有佛寺碑铭。铭文书法秀郎细挺，峻严方饰，有唐碑所不能到者。

隋　龙华碑　608年　*原石现存博兴县博物馆*

《龙华碑》出土于博兴县城东北龙华寺遗址。龙华寺建成较早，北魏时期香火盛极一时，后毁于北周武帝灭佛。隋统一全国后，佛教被奉为国教，乃重修龙华寺，并于大业四年（608）修建龙华塔，《龙华碑》就是建塔碑记。隋末王薄起义时，再次被毁，唐代重修，规模已不及隋代。至宋代又毁于金兵入侵。到明末清初，曾经重建，直至抗日战争前期尚存，终因战乱兵燹以及不可抗拒的自然灾害，今已坍塌成为废墟，《龙华碑》也长期埋于地下。碑刻原石为螭首竖式，分为首、身、座三部分（座佚失），形制宏丰。集雕塑、绘画、书法于一体。书法近于第一隋碑《龙藏寺碑》，结字宽博，运笔劲挺，平正冲和，而又不失峭拔，可与《龙藏寺碑》互为参证，有较高的学习价值。

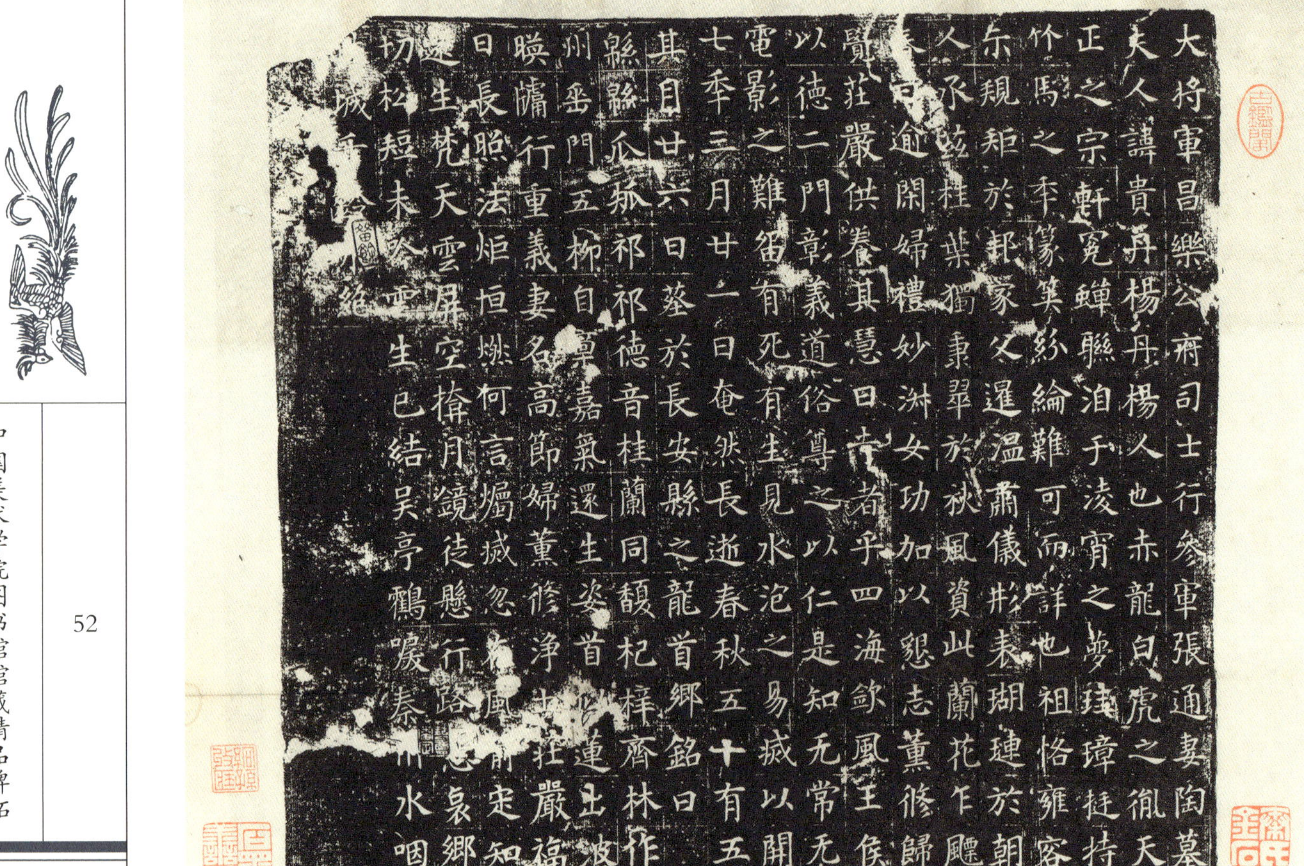

隋　张通妻陶贵墓志　599 年

此志清末出土于陕西咸宁，书法温婉秀逸，用笔、结体富于变化，显得仪态万方，属隋代墓志之佳构，可与《董美人》、《苏孝慈》等相媲美。但相传此志原石久佚，原拓极少。有重刻数本流传于世，然各自刻工均十分精致，锋颖如生，令人难辨真假。国家博物馆今藏此志拓本四种，风貌相类，其中两本有著名金石家题签、题记，各自均题为原拓本，孰真熟伪亦难以定论。

唐

唐　大唐宗圣观记　626 年　原石现藏陕西西安楼观台

《大唐宗圣观记》碑，欧阳询撰序并书，陈叔达撰铭，碑额隶书“大唐宗圣观记”六字。是碑记述了楼观教的历史沿革及唐高祖李渊改建草楼观为宗圣观的经过，是道教历史上的重要文献，也是欧阳询存世为数不多的隶书碑之一，碑文《全唐文》收录。

据明孙鑛《书画跋跋》所云，是碑在元时已漫漶不清，故被镘剔洗碑，原刻应更险峻挺拔。但观是碑，其笔法与欧阳询《房彦谦碑》相近，虽有重刊，当与旧刻相差不多。清朱枫《雍州金石记》便云：“信本楷书名高千古，其分书如《房彦谦碑》亦多传于世。今玩碑字，时作篆体，乃唐隶之佳者，微露笔意，似信本楷书。”

此碑影响颇广，创刊于 1888 年的日本报纸《朝日新闻》最早的刊名便是集《大唐宗圣观记》而成。

唐　房彦谦碑　631 年　原碑现存山东省济南市历城区彩石乡东北小龙堂村赵山房彦谦墓前

《房彦谦碑》，全称《唐故都督徐州刺史临淄定公房公碑铭并序》，李百药撰，欧阳询书。房彦谦为唐代名臣房玄龄之父，贞观五年（631）玄龄奉其父灵柩由泾阳归葬于故乡齐州赵山之阳（今山东济南市东郊）时，请李百药撰写碑文，详细记述房彦谦之行迹，又请欧阳询书丹，刻石立于墓前。是碑历来为人所重，赵明诚《金石录》、顾炎武《金石文字记》、钱大昕《潜研堂金石文跋尾》、阮元《山左金石志》等著作记述详尽。

此碑书体历来虽多云"隶书"或"八分"，但实在楷隶之间而近于隶，正如褚遂良《伊阙佛龛碑》，虽为楷书而多参隶法，此盖承北朝以来书体杂糅风气，以之刊碑，在静穆中多增奇崛。吴玉搢《金石存》评此碑书法曰："极跳拔险峻之妙，与正书正是一律，《兰台》因亦全是此种风味也。"

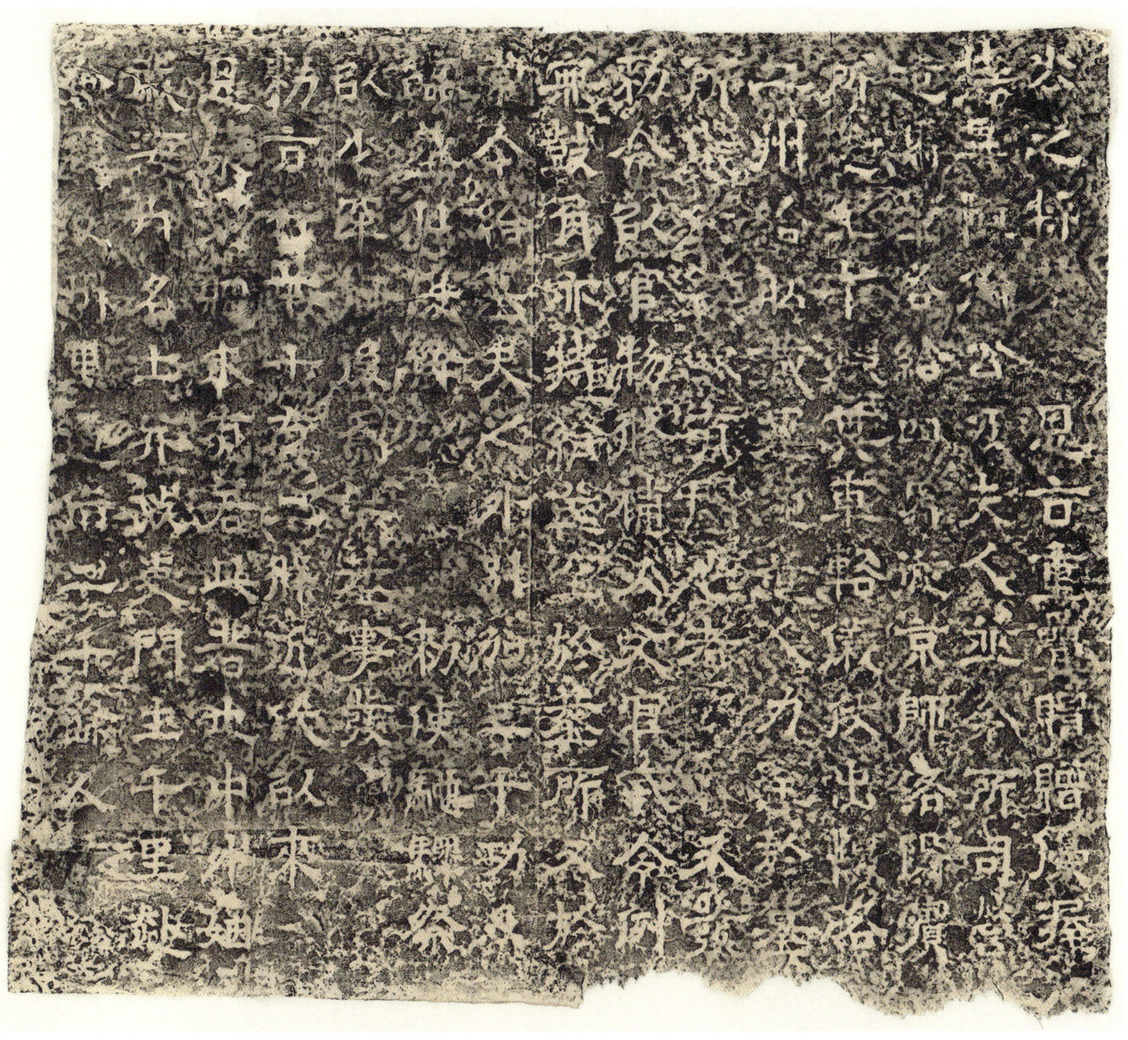

唐 皇甫诞碑 *原碑现藏西安碑林博物馆*

《皇甫诞碑》，于志宁撰文，欧阳询书。此碑文记述了皇甫诞的事迹并褒扬其高尚品格及为官时的功绩。碑文内无年月，据前人所考，当在贞观初立。碑阴有宋皇祐三年（1051）所刻题名。

此碑为欧阳询书中最瘦劲者，如明王世贞云："率更书皇甫府君碑，比之诸帖尤为险劲。是伊家兰台（欧阳通）发源。"清杨宾在《大瓢偶笔》中也说："信本碑版方严莫过于《邕禅师》，秀劲莫过于《醴泉铭》，险峭莫过于《皇甫诞碑》，而险绝尤为难，此《皇甫碑》所以贵也。"虽然此碑素以险绝方刚著称，但却无寒简之弊，从容不迫，寓婀娜于刚健、寓生动于端庄肃穆中，历来被当做学欧书的经典范本。

唐　虞恭公温彦博碑　637 年　原石现藏昭陵博物馆

《虞恭公温彦博碑》全称《唐故特进尚书右仆射上柱国虞恭公温公碑》，文辞为岑文本撰写，欧阳询书，此碑是为纪念温彦博而立。温彦博以善词令而闻名，他熟悉四方风俗，胪布诰命。尤其在其任中书令后，在对待突厥问题上，更是提出了开明的民族同化政策，主张“以德怀之”，为贞观盛世的形成作出了一定贡献。而《虞恭公温彦博碑》为陕西醴泉唐太宗昭陵陪葬碑之一，这也充分说明了温彦博在唐朝的地位极高。此碑为欧阳询晚年作品，用笔以方笔为主，结体险峻严密，比较欧阳询其他各碑，却又平和稳实，秀雅宕逸。历来书家对此碑都给以极高的称赞，清王虚舟跋曰：“……是率更最晚的作品。复四年，尚有小楷千文，计书此碑，亦已将八十矣。而圆秀瘦劲，与《醴泉》《化度》不殊，宜其特出有唐，为百代模楷也。”

唐　裴镜民碑　637 年　原石现存山西闻喜县裴柏村晋公祠

《裴镜民碑》全称《隋益州总管府司马裴君碑铭并序》，是唐碑中的精品。裴镜民在北周为大将军。入隋为兵部侍郎，又为西南道行台兵部侍郎，兼益州总管府司马。开皇十六年（596）西南夷兵乱，他率领士卒讨伐，由于援军不到，陷于危局，后被俘遇害。此碑立于唐贞观十一年（637）十月二十一日，由史学家李百药撰文，书法家殷令名书丹。

宋赵明诚《金石录》：“令名与其从子仲容皆以能书擅名一时，而令名遗迹存者惟此碑耳。笔法精妙不减欧、虞，惜不多见。”清康有为《广艺舟双楫》：“方润整朗者，当以《裴镜民碑》为第一。是碑笔兼方圆，体极匀整，兼《九成》《皇甫》而一之，而又字画丰满。此为殷令名书，唐书称其不减欧、虞者，当为干禄书无上上品矣。”

唐　于孝显碑　640 年　原碑现藏西安碑林博物馆

全称《大唐濮阳县令于孝显碑》，清道光二年（1822）在陕西富平县出土，其碑文除了记述于孝显自身的生平事迹以外，还记述了隋唐更迭之际李渊父子起兵、占领关中并平定全国的历史细节。于孝显父讳礼，与于志宁之祖义为兄弟，其夫人为唐太宗堂姑，可见于氏家族在隋唐之际地位显赫，多有功于社稷。

《于孝显碑》自出土以来，拓片流传日广，盖由其书法特佳，可与《苏孝慈墓志》等名碑媲美。康有为《广艺舟双楫》曰：“又有《于孝显碑》，峻整端美，在《苏慈》《虞恭公》之间，皆应制之佳碑也。”

唐　伊阙佛龛碑　641 年　原石现存洛阳龙门石窟宾阳中洞和南洞之间

《伊阙佛龛碑》，岑文本撰文、褚遂良书，是唐太宗第四子魏王李泰为亡母文德皇后长孙氏所立，主要颂扬长孙皇后的懿德以及魏王李泰"纯孝"之名。此碑为褚遂良 46 岁时书，尚未脱欧、虞的影响。笔画平直，时参隶意，棱角分明；结字古朴整饬，端正庄严，为褚遂良晚年"细骨丰肌，疏瘦劲炼"的风格奠定了基础。宋欧阳修《集古录》谓其"字画尤其伟"。清刘熙载《艺概》云："褚书《伊阙佛龛碑》，兼有欧、虞之胜。"

《伊阙佛龛碑》碑体原为北魏所刊宾阳中洞的造龛碑，为节省费用，就势磨去原有碑文，刊刻此碑。

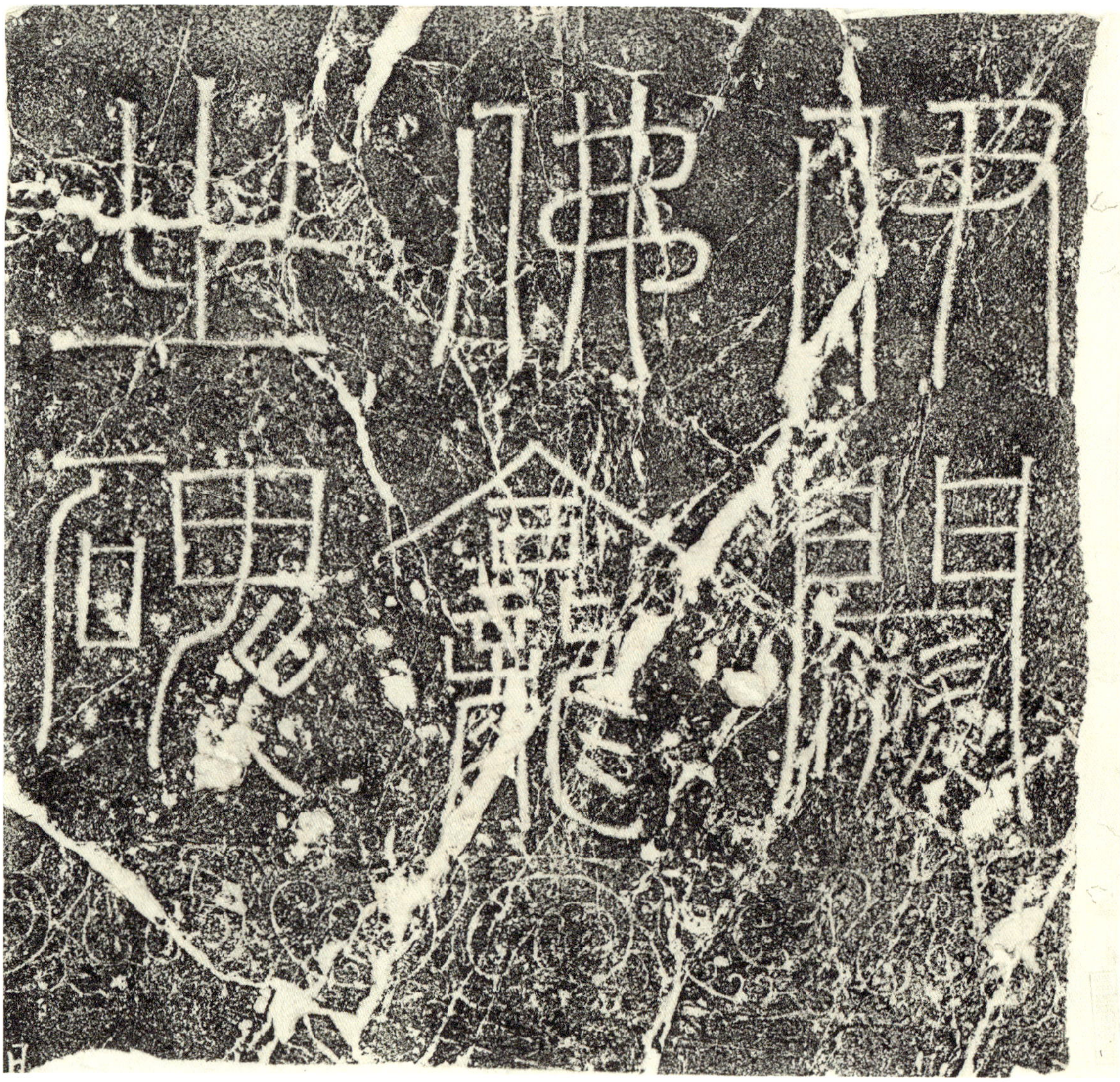

唐　段志玄碑　642年　*原石现藏昭陵博物馆*

《段志玄碑》是为纪念唐代褒国公段志玄而立。段志玄为唐初大将，两《唐书》均有传。其早年随父亲客居太原，后得李世民赏识，屡建功勋，后又升任右卫大将军，封褒国公，并世袭金州刺史。于贞观十六年（642）病逝，追赠扬州都督，谥号忠壮。此碑原存于礼泉县昭陵乡庄河村北约50米处段志玄墓前，然未见撰书人姓名。此碑用笔方饬，带有篆隶笔意，结体宽绰，书风留有六朝意蕴。

唐　孔颖达碑　648 年　原石现藏昭陵博物馆

《孔颖达碑》文辞为于志宁撰写，此碑是为纪念孔颖达而立。孔颖达为初唐时学者，太宗时官至国子祭酒，授爵为曲阜男，李世民秦王府著名“十八学士”之一。于贞观二十二年（648）卒，卒后诏许陪葬昭陵，故此碑亦为昭陵陪葬碑之一。此碑点画清腴圆浑，用笔沉着遒劲，结字平而不板，正而不拘，显得神采奕奕，气息清婉。宋黄伯思《东观余论》中称此碑的笔法接近永兴之书，“验其笔法，乃当时善书者规摹世南之书而为之者也，笔势遒媚，亦自可珍”。清李宗翰跋此碑：“此碑非虞书明矣，然其规模虞书可云惟肖，秀朗遒劲，极似《庙堂》，其深穆凝远之度不逮也。”

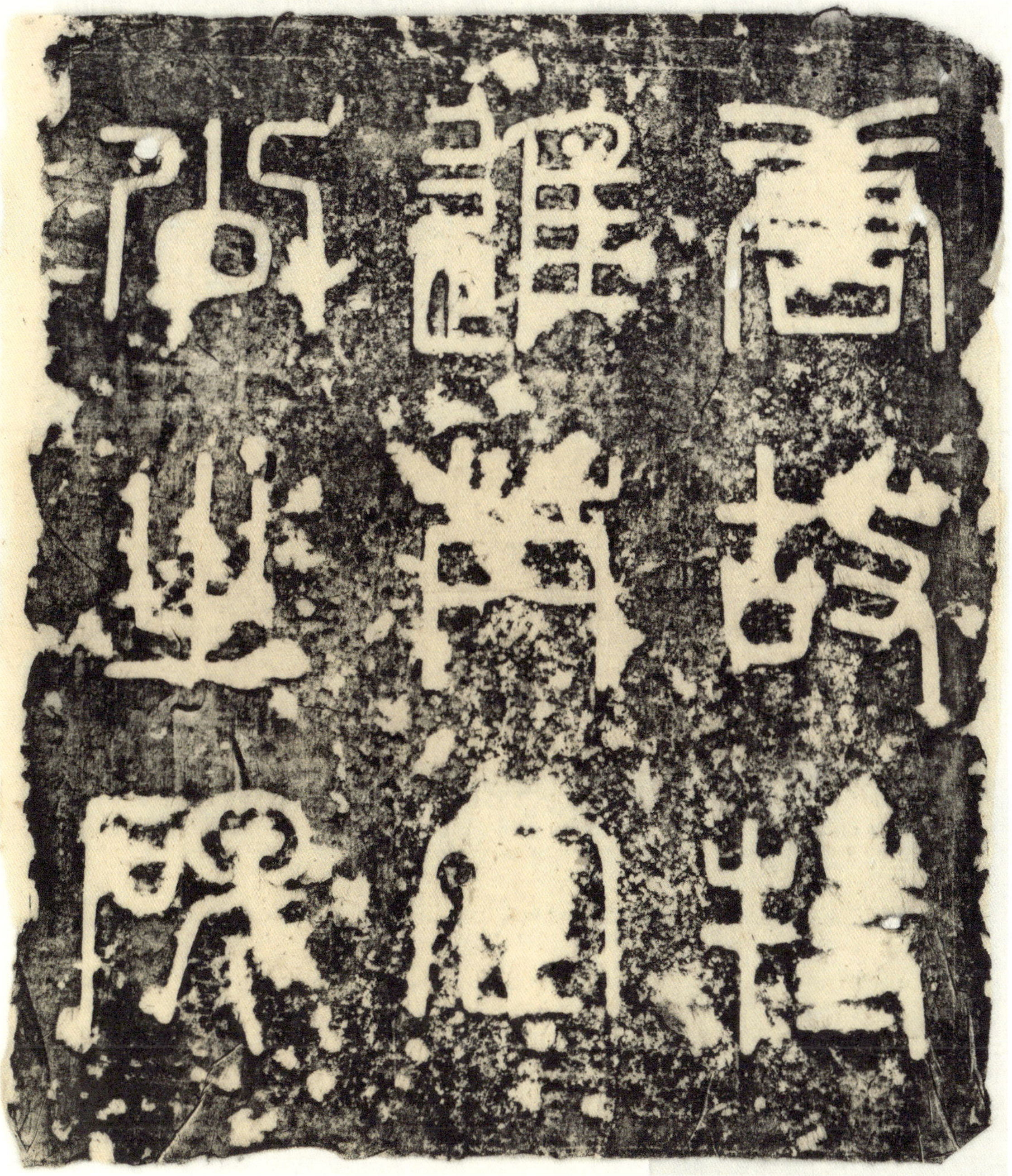

唐　豆卢宽碑 650 年　原石现藏昭陵博物馆

《豆卢宽碑》是为纪念芮国公豆卢宽而立。豆卢宽，雍州万年（今陕西省西安市长安区）人，为隋文帝的外甥。唐高祖定关中，豆卢宽与郡守萧瑀率豪右赴京师。贞观十二年（638）封为芮国公。此碑为李义府撰文，无书者姓名。原立于礼泉县烟霞乡岩峪村北约 300 米处豆卢宽墓前，1975 年移入昭陵博物馆。此碑虽磨泐严重，字显得疏瘦，但是劲练清挺，遒劲婉丽之风韵犹存。

唐　牛进达碑　651年　*原石现藏昭陵博物馆*

此碑是为纪念唐初大将牛秀而立，亦称《牛秀碑》。碑主牛秀出身名门，累从征伐，官拜右武卫大将军、琅琊郡公。永徽二年（651）卒，追赠左骁卫大将军、幽州都督，谥号为壮，陪葬昭陵。此碑原立于牛进达墓前，1975年移入昭陵博物馆。该碑书风方整劲拔，用笔方劲，精神外露，有北派风格。吴湖帆在《丑簃日记》评其云："此碑书法与《南安懿公张琮碑》最相似，昭陵诸碑若《段志玄》《尉迟恭》碑亦极类，或当时出一手所书未可知也。"

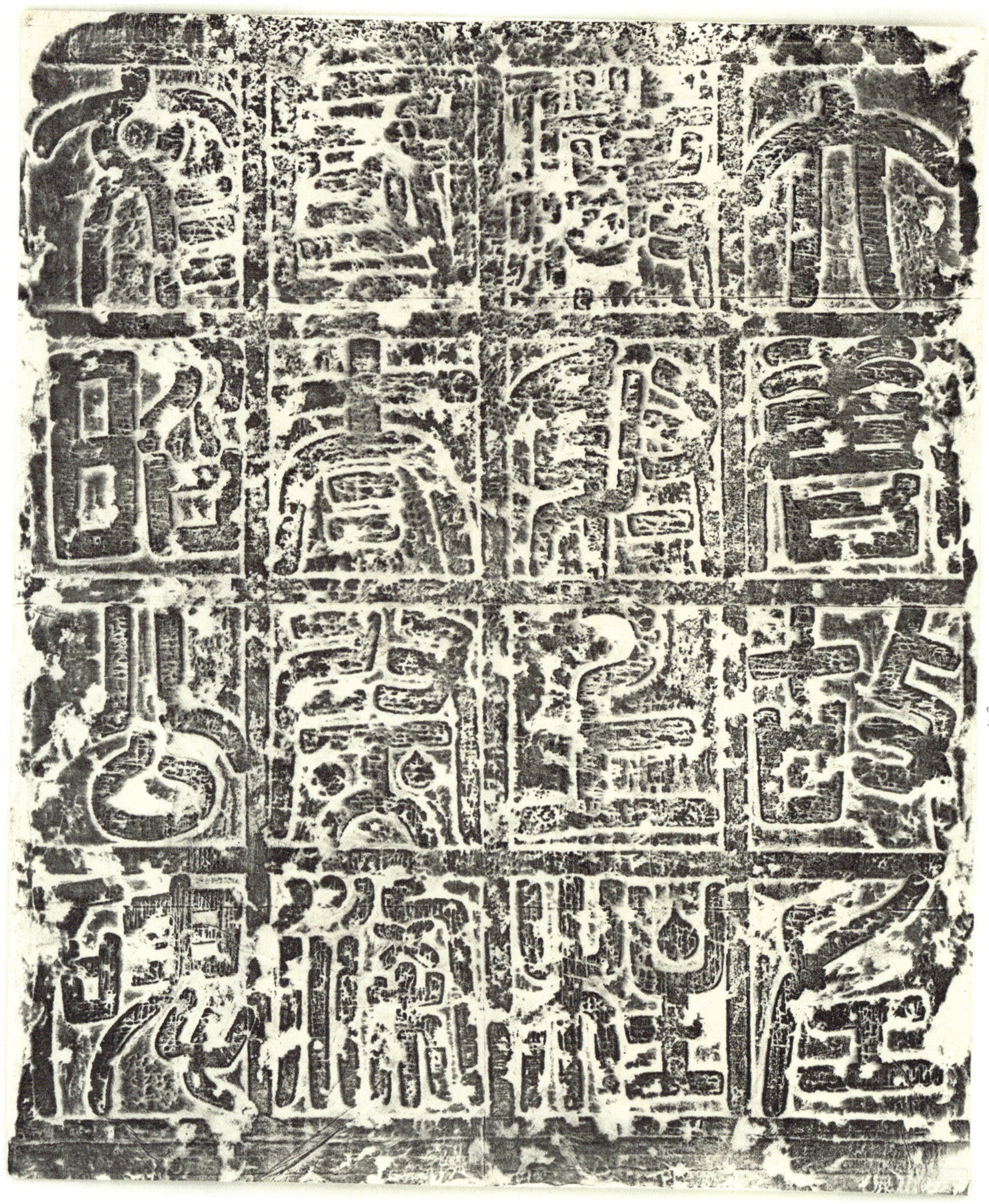

唐　房玄龄碑　652年　原石现藏昭陵博物馆

此碑全称《大唐故尚书左仆射司空太子太傅上柱国太尉并州都督》，亦称《房玄龄碑》，褚遂良书，是为纪念房玄龄而立。碑主房玄龄是唐开国功臣、唐太宗时的名相，贞观二十二年（648）卒。此碑原立于礼泉县昭陵乡刘东村东北房玄龄墓前，1975年移入昭陵博物馆。该碑字迹匀称，笔势圆劲流丽，结构布局端庄秀美。清梁章钜评曰："褚河南诸碑，当以此为第一。古穆在《圣教序》之上。"

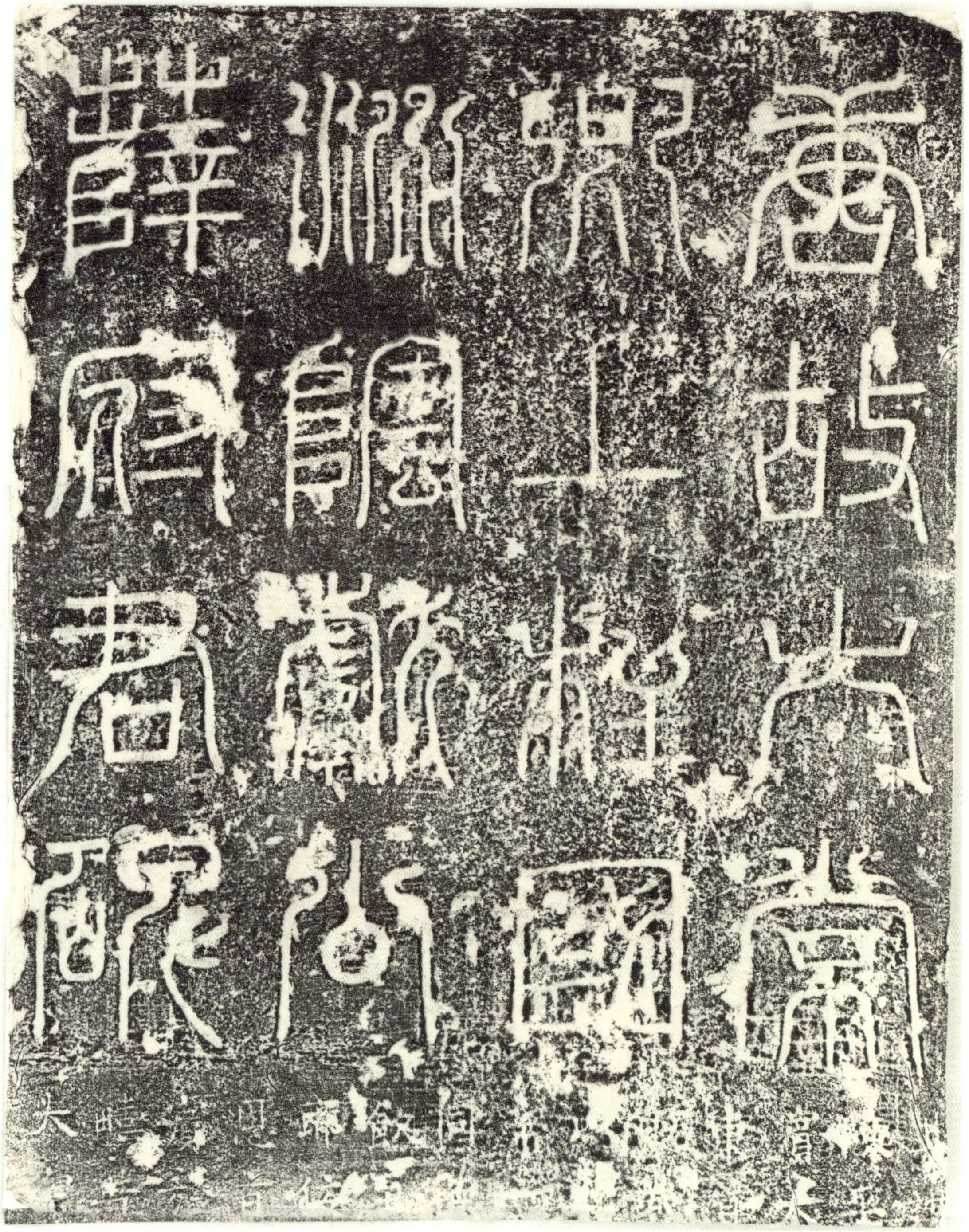

唐　薛收碑　655 年　*原石现藏昭陵博物馆*

《薛收碑》为记述秦王府十八学士之一的薛收而作。薛收，字伯褒，蒲州汾阴（今山西万荣县）人。年少刻苦好学，才华出众。晋阳起兵后，为房玄龄所荐，授秦王府主簿。武德四年（621），随李世民讨伐王世充，运筹帷幄，力排众议，建议分兵围困洛阳，派兵狙击窦建德。最终，同时擒下王世充与窦建德，立下汗马功劳。此碑由于志宁撰文，无书者姓名。楷法成熟而工整，兼有南帖之绵丽和北碑之峻整，风格与褚字相近。章法整齐，结体平正，用笔劲利，神采飞动。

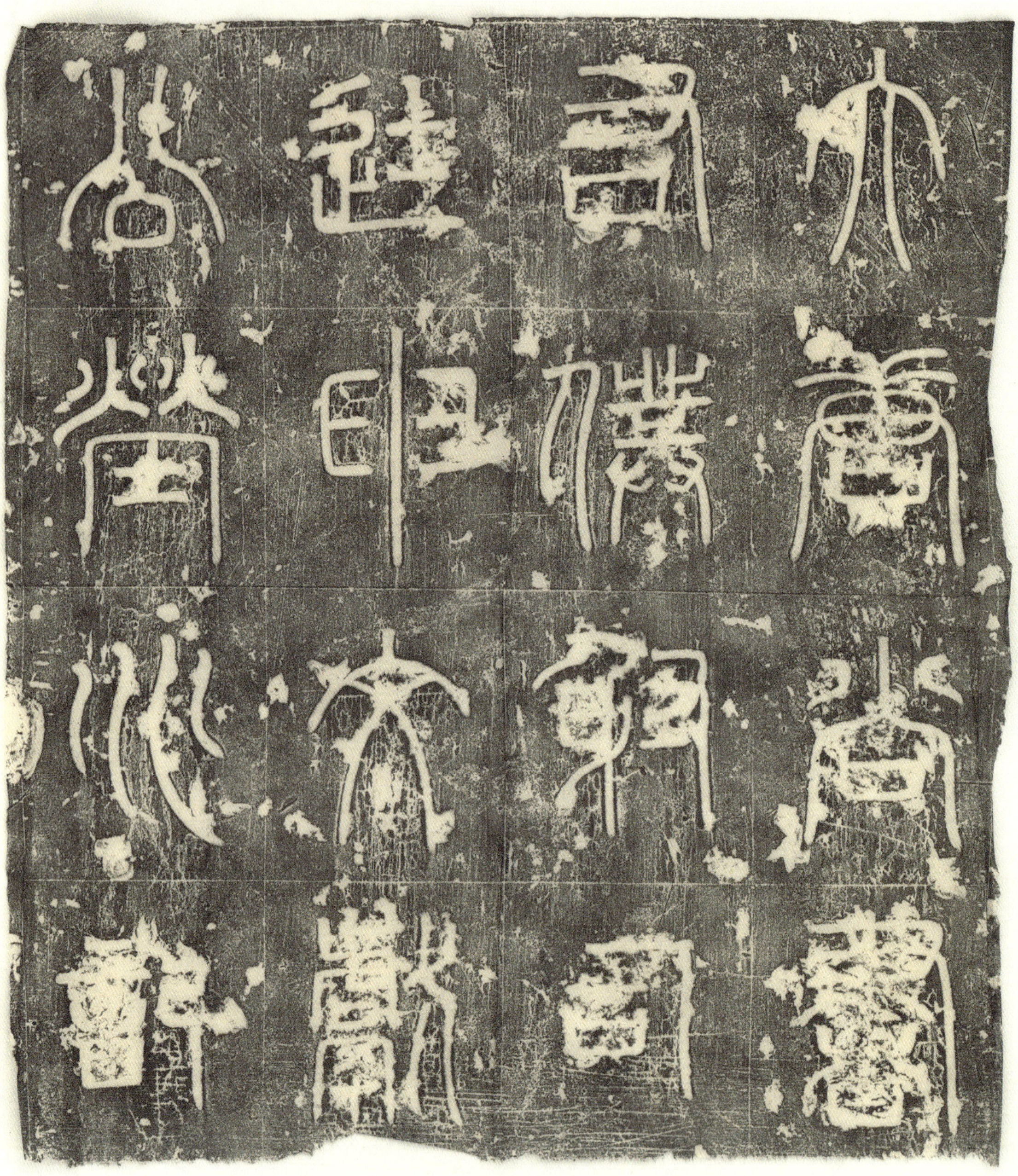

唐　高士廉碑　655 年　*原石现藏昭陵博物馆*

《高士廉碑》又名《高士廉茔兆记》，为纪颂唐初宰相、唐太宗文德皇后舅父高士廉而作。高士廉本名高俭，字士廉，渤海蓨县（今河北景县）人。少有器量，涉猎经史，孝悌长幼。早年于隋朝任职，仕途坎坷。后追随李唐，官至尚书右仆射、太子太傅，居凌烟阁二十四臣之列。碑文由许敬宗撰文，赵模书丹。赵模是当时翰林供奉的拓书人，精于书画。此碑是其传世唯一的书迹，书风刚健遒劲，方严娟秀。明代学者赵崡《石墨镌华》谓其“大类欧、虞”，刘熙载《艺概》称其“精熟遒逸，比肩王知敬”。

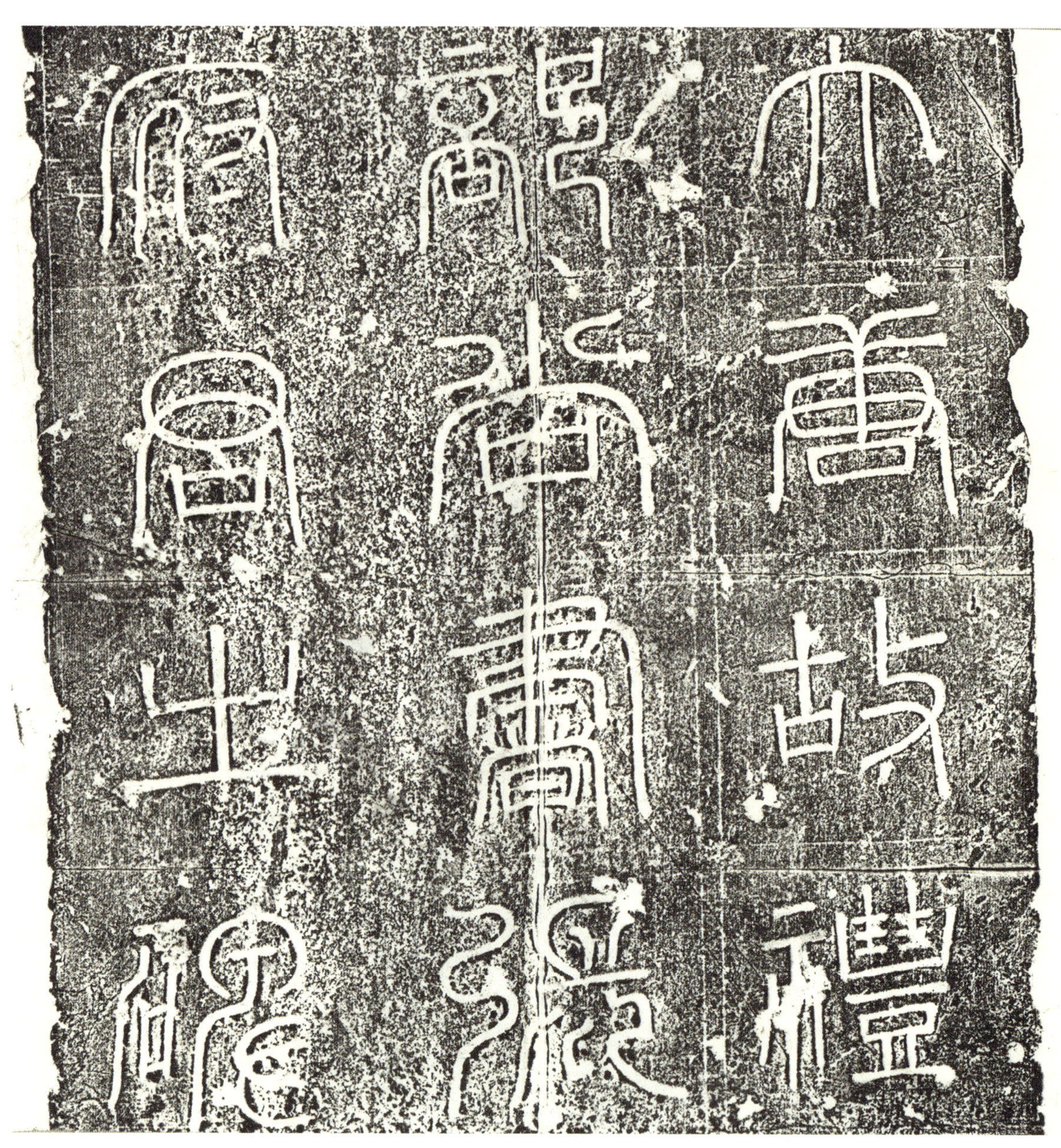

唐　张胤碑　658 年　*原石现藏昭陵博物馆*

《张胤碑》，又名《张允碑》《张后胤碑》。此碑为记述初唐功臣张胤而立。张胤，昆山人。唐高祖李渊镇守太原时，引居宾馆，教李世民《春秋左氏传》。唐武德年间，曾几次为燕王谘议参军，后转升为燕王府司马。永徽初年，加金紫光禄大夫，赐并同职事。显庆三年卒，赠礼部侍郎，陪葬昭陵。此碑书法承继北碑、隋碑瘦劲一路书风，用笔紧密内敛，刚劲不挠。字的结构宽正，重心下沉，极富古意。明代赵崡《石墨镌华》云："此碑书法精健，是得河南（褚遂良）之支流，而开平原（颜真卿）之门户者。"

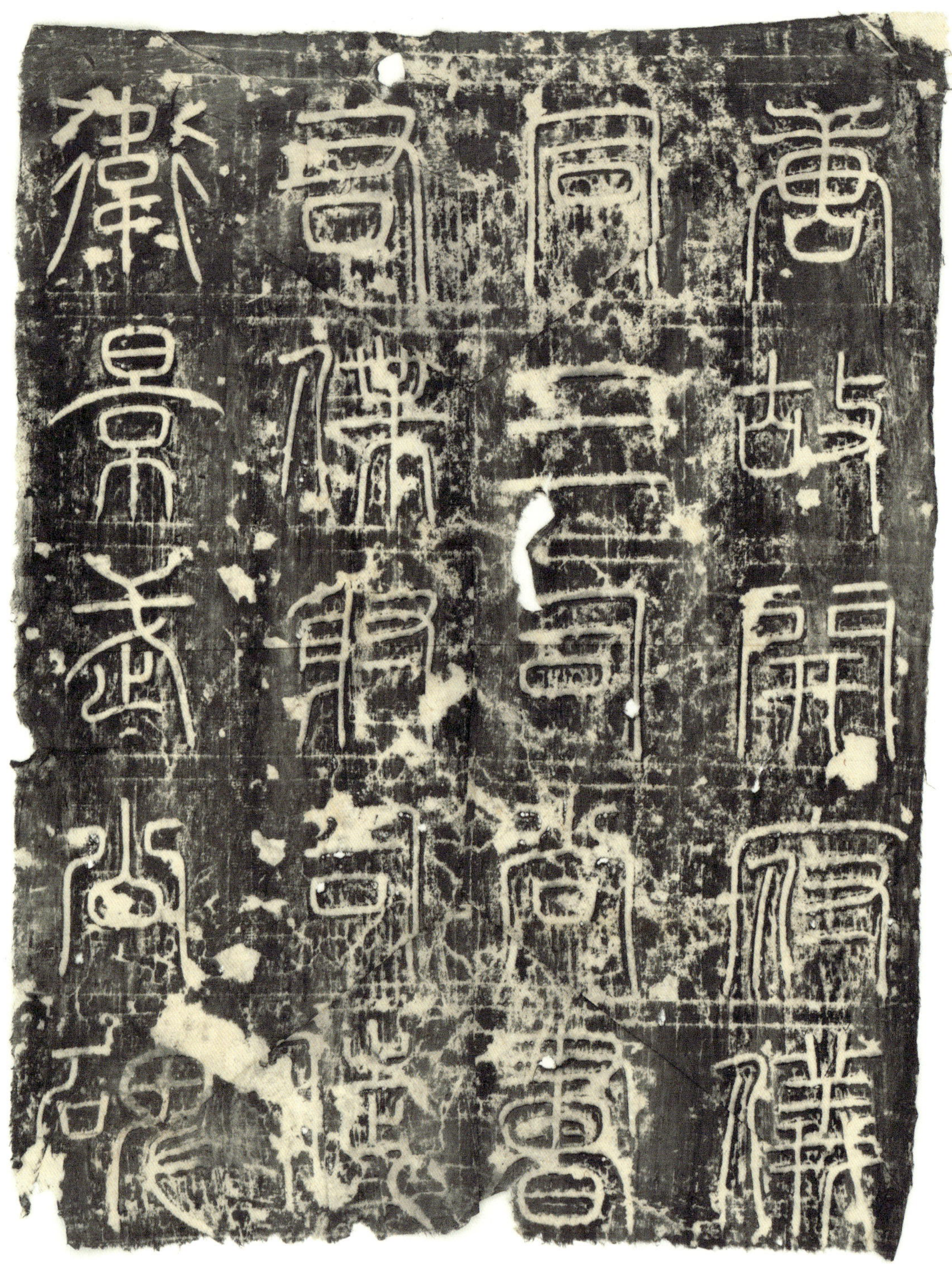

唐　卫景武公李靖碑碑额　658 年　*原石现藏昭陵博物馆*

《卫景武公李靖碑》全称《大唐故尚书右仆射特进开府仪同三司上柱国赠司徒并州都督卫景武公之碑并序》。此碑原在礼泉县烟霞乡官厅村西北约 400 米处李靖墓前，是为纪念唐初名将李靖而立，于 1975 年移入昭陵博物馆。碑文由许敬宗撰，王知敬楷书书丹。此碑书法健劲道美，用笔方劲，精神外露，有北派风格，书家咸以其为王知敬之代表作。惜此拓仅存碑额。

唐　尉迟恭碑　659 年　原石现藏昭陵博物馆

此碑全称《鄂国忠武公尉迟敬德碑》，又名《尉迟敬德碑》，于 1971 年冬出土于礼泉县烟霞乡烟霞新村尉迟敬德墓前，1975 年移入昭陵博物馆。此碑由许敬宗撰文，是为纪念鄂国公尉迟敬德而立。尉迟敬德，唐朝名将，为凌烟阁二十四功臣之一。此碑楷法精严，结体方正匀整，却无板滞之弊。

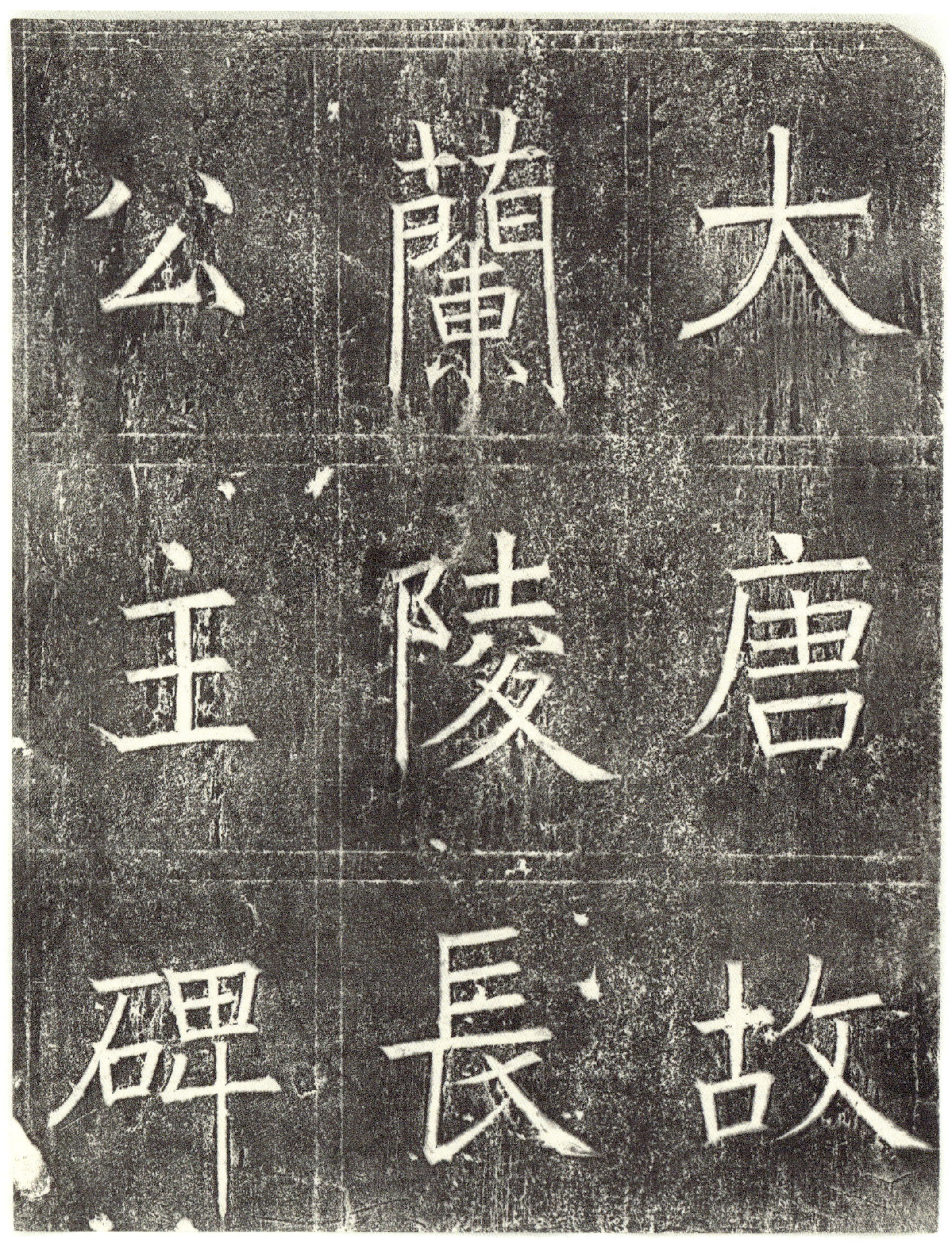

唐　兰陵长公主李淑碑　659 年　*原石现藏昭陵博物馆*

此碑是为纪念唐太宗第十九女李淑而立，文辞为李义府撰写，窦怀哲书。原存于礼泉县烟霞乡东周村西南李淑墓前，1975 年移入昭陵博物馆。而兰陵长公主亦是善书者，据其碑，她“七岁学书，尽钟、张之妙迹”。翰墨结缘，堪称一段佳话。此碑书法方整劲拔而娟秀有致，清叶昌炽《语石》评价云：“窦怀哲《兰陵公主碑》，笔法在欧虞之间，亦唐碑之至佳者。其结体绵密，而气则疏；其运笔严重，而神不滞。欧公《化度寺铭》，天然妍秀，不假修饰，此碑则稍露矜持之态耳。”

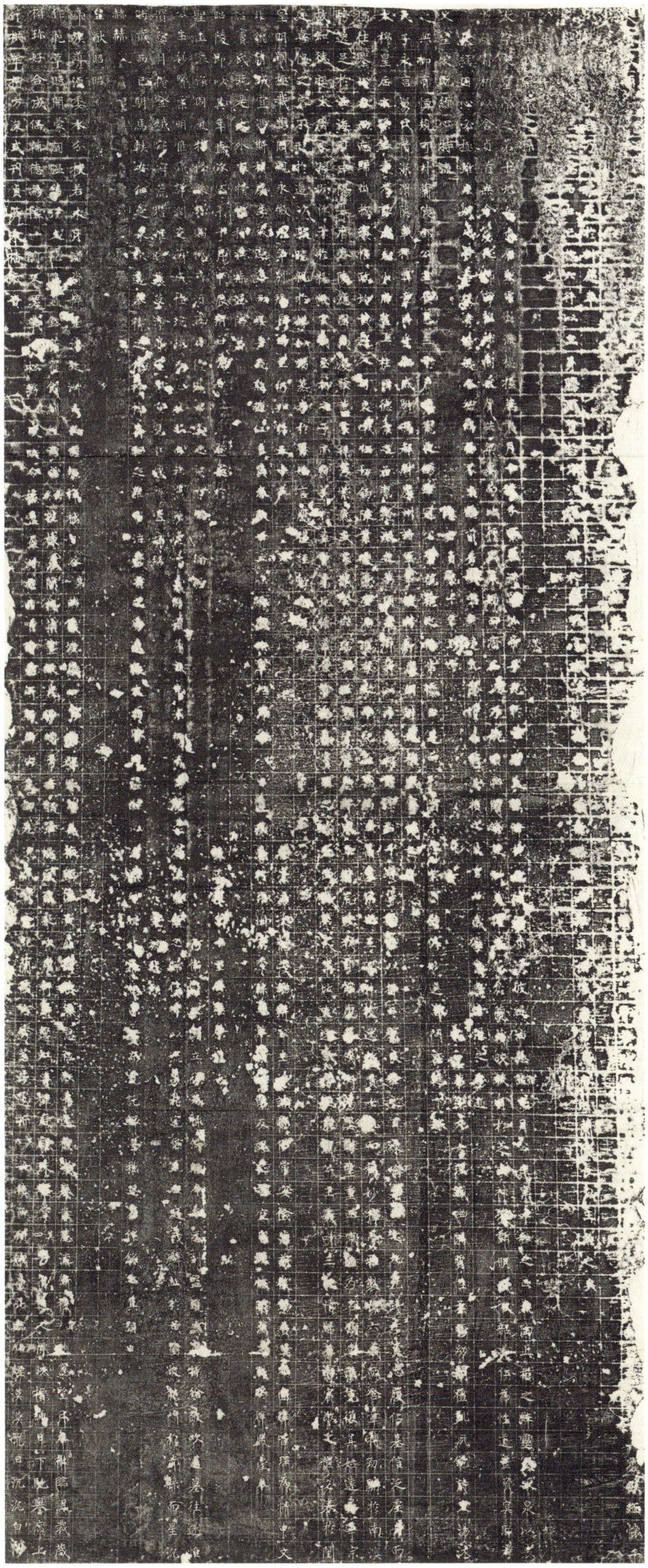

唐　许洛仁碑　662年　*原石现藏昭陵博物馆*

《许洛仁碑》为记述唐太宗李世民的元从功臣许洛仁而作。碑主许洛仁，字济，蔡州刺史许世绪之弟。追随李世民击宋老生、王世充等有功，官至冠军大将军、行左监门将军。许洛仁善于相马，曾两次献马给唐太宗李世民，李世民称赞他“此人家中恒出好马”，昭陵六骏之一拳毛䯄即他所献的“洛仁䯄”。此碑书法用笔敦厚，有一股雍容沉稳，从容不迫的气质。结字饱满妍美，方中寓圆，集秀丽与雄劲于一身。风格出于北齐一路书风，《石墨镌华》云：“正书极似隋《贺若谊碑》。”

唐　同州圣教序　663年　原石现藏西安碑林博物馆

《同州圣教序》全称《同州三藏圣教序碑》。碑文内容与《雁塔圣教序》相同，因碑后题有“大唐褚遂良书在同州倅厅”十一字，故称《同州圣教序》。不过对于此碑是否为褚遂良所书，学术界尚有争议。碑刻立于龙朔三年（663），而褚遂良则卒于显庆三年（658）。有些学者认为此碑是褚的另一写本，是他去世后别人刻立的；有的认为是后人仿《雁塔圣教序》摹刻于同州。从碑文书法看来，《同州圣教序》与《雁塔圣教序》面貌接近，结构基本相同，唯所刻细腻丰富、圆转流动有所不及，当是出于传播目的对《雁塔圣教序》的翻刻。

碑原在陕西大荔县（同州），1974年移入西安碑林，现存西安碑林第二室。

唐　杜君绰碑额　664年　原石现藏昭陵博物馆

《杜君绰碑》立于唐麟德元年（664），李俨撰文，高正臣书丹，万宝哲刻字。碑文楷书，三十九行，行七十六字。原存于礼泉县烟霞乡大冢渠村杜君绰墓前，1975年移入昭陵博物馆。惜此本仅存篆额："大唐故左戎卫大将军兼太子左典戎卫率赠荆州都督上柱国怀宁县开国襄公杜君碑"，结体方圆兼备，遒劲挺拔，收笔多出锋，灵动隽秀。

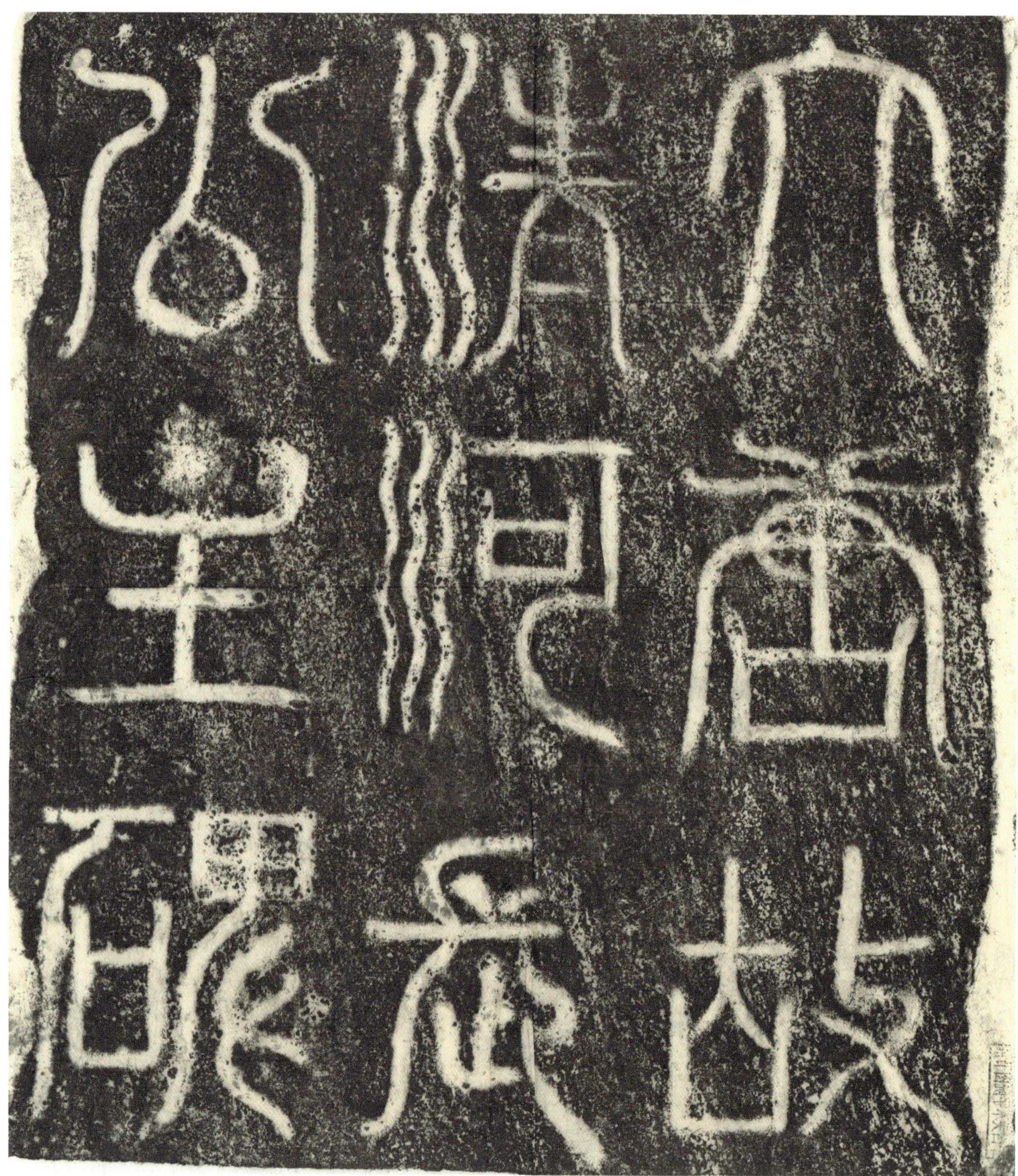

唐　清河长公主李敬碑 664年　*原石现藏昭陵博物馆*

此碑是为纪念唐太宗女李敬而立。清河公主名敬，字德贤，唐太宗第十一女，贞观二年（628）封清河郡公主。文辞为李俨撰写，畅整正书，辛胡师镌字。此碑原立于礼泉县烟霞乡上营村东约300米处李敬墓前，1975年移入昭陵博物馆。该碑书法劲拔秀逸，风格奇特，与当时流行的正统楷书大相异趣。清杨守敬《平碑记》评价该碑道："此碑颈峭奇伟，上承登善（褚遂良），下开薛曜，书法至此，如千里马不受羁驾，可称奇品。"其《学书迩言》又云："畅整之《清河公主碑》具体薛曜，超迈罕匹。"清叶昌炽《语石》对畅整书《清河公主碑》亦给予很高评价，云："畅整书名不甚著，今所存亦只《清河公主》一碑。然其书劲拔，如张千均之彀，满而后发。上之虽未能抗薛纯，下之可平视薛曜。"

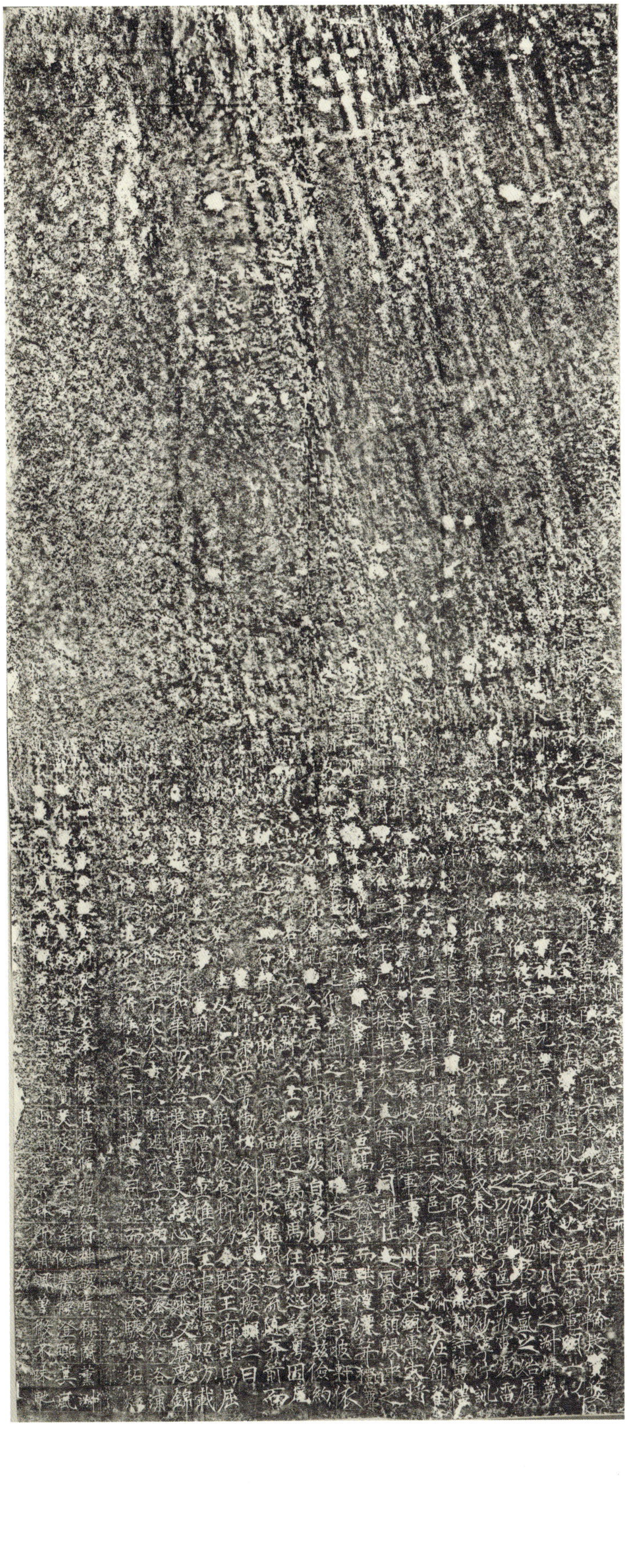

唐　纪国先妃陆氏碑　666年　*原石现藏昭陵博物馆*

《纪国先妃陆氏碑》为唐太宗第十子纪王李慎的王妃而立。陆氏先祖是代北鲜卑部落大人步六孤氏，北魏孝文帝迁都洛阳后，改为汉姓陆氏。贞观十六年（642），13岁的陆氏嫁给纪王李慎，贞观十七年（643），被册命为纪王妃。此碑书法既有褚字端凝雅饬之感，又得欧书刚健劲挺之风神，为唐碑上乘之作。其用笔极为精致，可谓一丝不苟。字势左右舒展，得晋人之飘逸。

唐　张阿难碑　671年　原石现藏昭陵博物馆

唐咸亨二年（671）刻，碑石原在礼泉县烟霞乡马寨村张阿难墓前，1975年移入昭陵博物馆。螭首，身首高205厘米，下宽81厘米，厚26.5厘米。额篆书“大唐故将军张公之碑”。碑阳由瑶台寺僧普昌书丹，楷书二十九行，行五十二字，下截字迹尚可辨识。书法遒逸，酷似王知敬、褚遂良，惜大部磨灭殆尽。张阿难，两《唐书》未及。《新唐书·宦者传》云：“太宗诏内侍省不立三品官，以内侍为之长。”张阿难却以左监门将军而兼内侍，已逾四品，此碑为高宗时宦者权势日炽之证。

唐　马周碑　674 年　原石现藏昭陵博物馆

《马周碑》由许敬宗撰文，殷仲容隶书。碑主马周，字宾王，唐博州茌平（今山西茌平县）人。少孤贫好学，聪睿机敏。官至中书令，以布衣出身而官居庙堂，传为一代佳话。其人“深识事端，忠直敢言，裁处周密，动无不中”，深受太宗的器赏，用为贤相。此碑由唐代书法名家殷仲容以隶书书写。隶书的发展至唐代，已大为一变，书写时参入楷意，故而法度谨严。《马周碑》书法亦有此特征，时有楷法流露。全碑用笔以方笔为主，点画俊秀挺拔，主笔突出。结字端庄宽博，以扁平取势，既有汉魏碑版的凝重质朴，又体现出隋唐书风的妍丽与遒美。

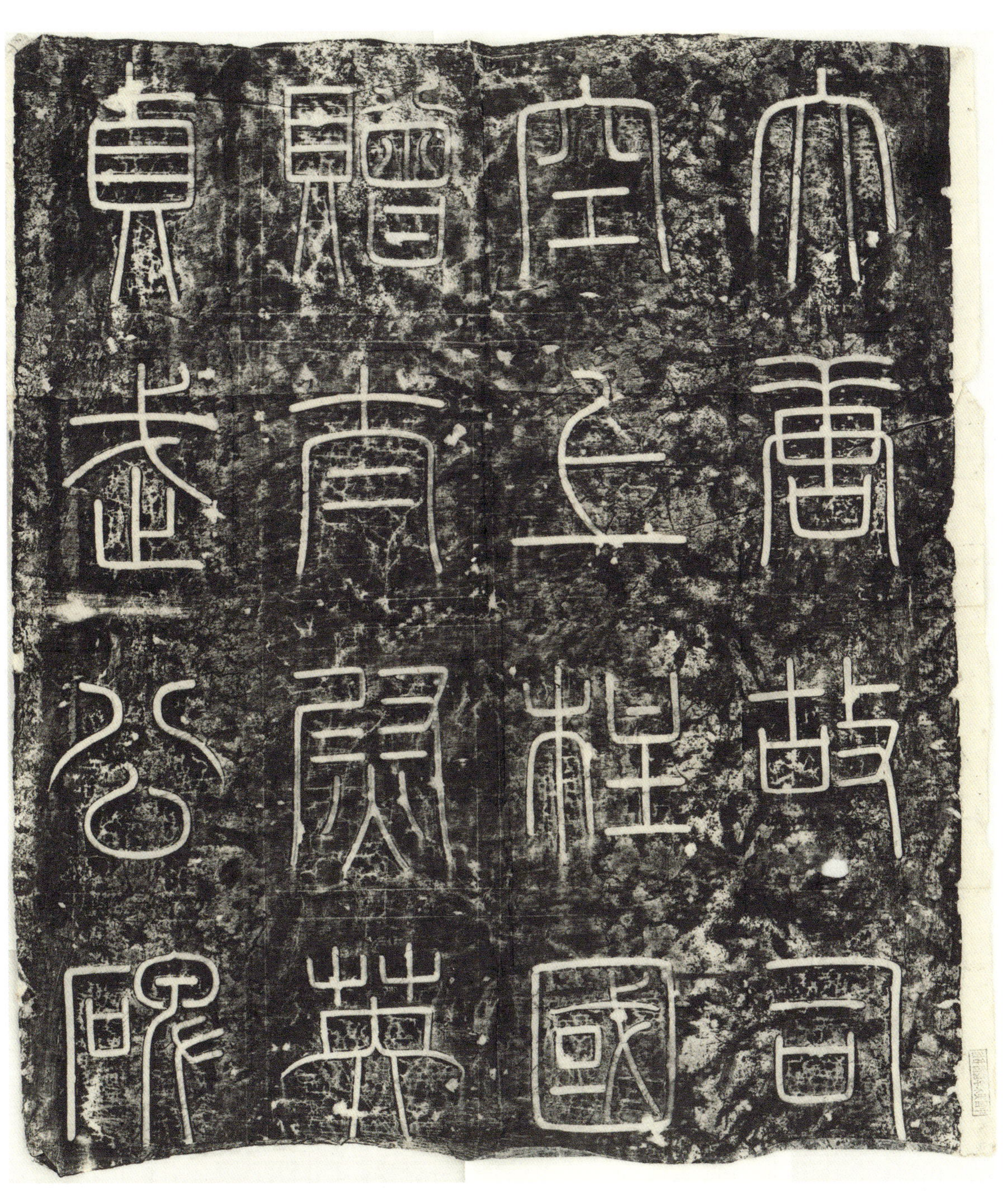

唐　李勣碑　677 年　原石现藏昭陵博物馆

《李勣碑》又称《李英公碑》，由唐高宗李治撰文并书，记述了李唐王朝的开国元勋之一李勣的生平业绩。碑主李勣，本姓徐，名世勣，字懋功。隋末农民起义时，投奔瓦岗军。后瓦岗军兵败降唐，任武侯大将军，赐姓李。因避太宗讳，单名勣。历事唐高祖、唐太宗、唐高宗三朝，两击薛延陀，平定碛北，后又大破东突厥、高句丽，出将入相，功勋卓著。唐代君主自李渊始，皆爱好书法。高宗李治受其父太宗的熏陶，上溯二王，近取褚遂良，以行书名世。《李勣碑》为其传世代表名作，书法苍劲豪迈，神采奕奕。用笔圆转丰润，若断还连。结字似欹反正，疏密和谐。碑文的后半段纵横跌宕，颇有晋人风度。

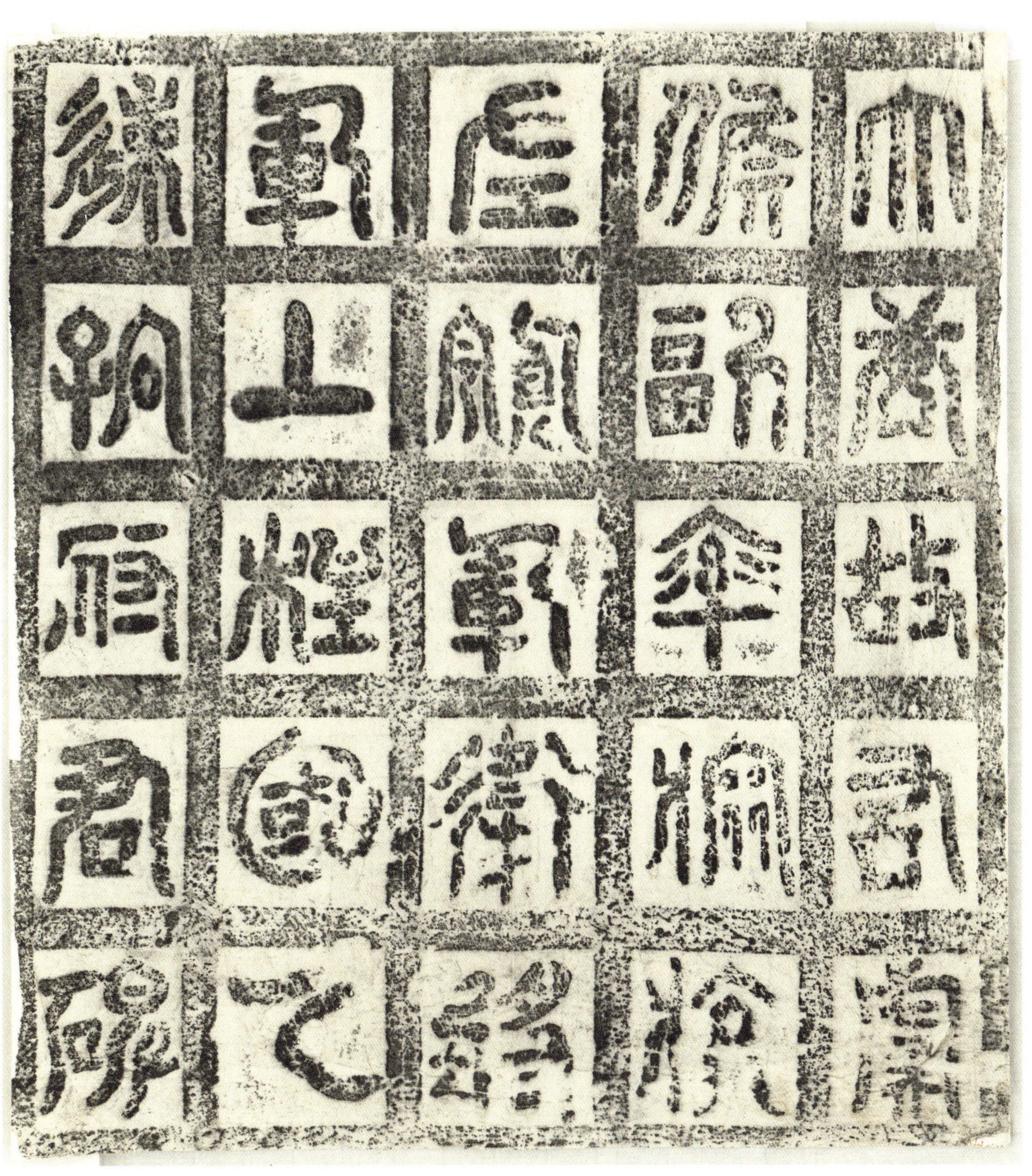

唐　乙速孤神庆碑　690 年　原石现藏礼泉县叱十村

此碑为记述乙速孤神庆生平而立。碑主乙速孤神庆，本姓王，赐姓乙速孤。字昭祐，京兆醴泉县（陕西礼泉县）人。追随太宗李世民平乱立有战功。贞观十七年（643）任太子李治的右卫率府勋卫郎将，李治即位后任太子李忠的右虞候副率和检校左、右领军卫将军。此碑未在昭陵陪葬之列，碑文由弘文馆学士苗神客撰，释行满书。书法刚健挺拔，与欧字一路书风相近，如武库之兵戟，尤为险绝。结字瘦长，字势右倾，楷法极为纯熟。明赵崡《石墨镌华》云："释行满书，书亦劲健有法，然不及王知敬、赵模诸人。"

唐　升仙太子碑　699 年　原石现藏洛阳偃师府店镇缑山顶

武周圣历二年（699）二月初四，武则天由洛阳赴嵩山封禅，返回时留宿于缑山升仙太子庙，在此撰写碑文，并亲为书丹。碑文表面记述周灵王太子晋升仙故事，实则歌颂武周盛世。碑额“升仙太子之碑”六字，以“飞白体”书就，笔划中丝丝露白，此为历史上“飞白书”中最为著名者。碑文上下款和碑阴的《游仙篇》杂言诗、题名等分别出自薛稷、钟绍京之手。

《宣和书谱》称：“后初得晋王导十世孙方庆家藏书迹，摹拓把玩，自此笔力益进。其行书有丈夫气。”从《升仙太子碑》可以明显看出武则天学王羲之的痕迹。盖自唐太宗提倡书学王羲之以来，唐代帝王大都遵此祖训，除了武则天《升仙太子碑》之外，唐高宗李治所书《李勣碑》、唐玄宗所书《鹡鸰颂》大都是这种面貌，形成了一种皇家字样。

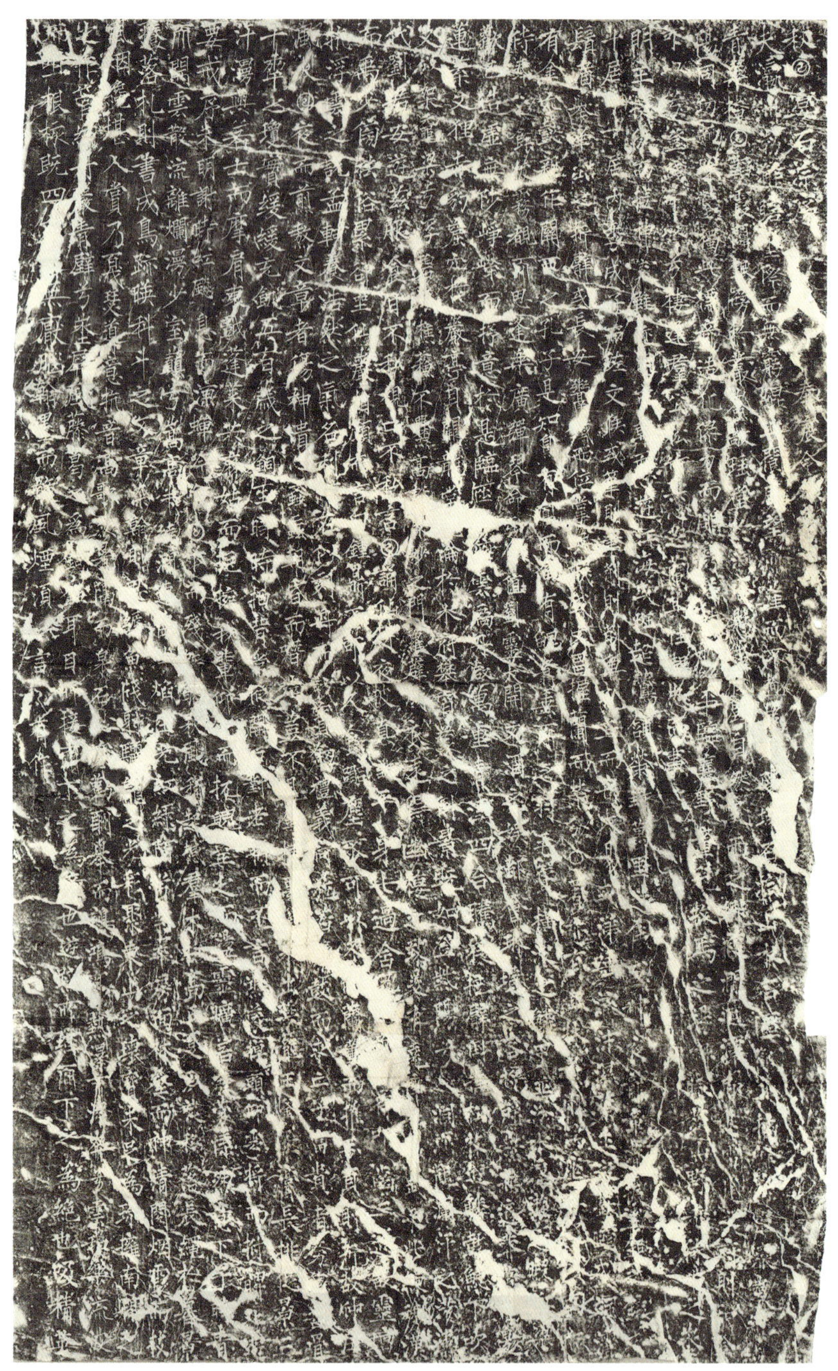

唐　秋日宴石淙序　700年　原石现存河南石淙河摩崖

薛曜，字异华，蒲州汾阴（今山西万荣县）人。唐朝大臣，中书令薛元超长子。世为儒雅之家，以文学知名，官至正谏大夫。著有《三教珠英》，文集二十卷，《全唐诗》收录其诗作五首。唐久视元年（700）五月十五日，武则天率众臣登临石淙山，君臣作诗词唱和之游，后命薛曜书成《奉和圣制夏日游石淙山诗并序》。是年秋，张易之再以“石淙山”为题撰《秋日宴石淙序》，仍由薛曜书写。两篇薛书汇刻一处，蔚为壮观，是现存河南省境内最大的摩崖刻石。其书法瘦劲清奇，转折处着意强调夸张其顿挫感，使点画益见筋骨雄强，可视作后来的瘦勒俊俏而尤重骨力之柳公权楷书风格之先声，亦被后世书家称为“宋徽宗瘦金体之祖”。

唐　兴福寺半截碑　721年　*原石现藏西安碑林博物馆*

《兴福寺半截碑》，僧大雅集晋王羲之行书，张思忠等刻字。明万历间出土于陕西西安南城壕中，因出土时只剩半截，故称半截碑。许多著作在著录此碑时称其为《镇国大将军吴文碑》，但杨震方《碑帖叙录》考云："残字中'公讳文'上一字作'吴'字，有称《吴文断碑》者。但非'吴'字，以文法论，上句末当为'矣'字，因此称《吴文碑》不正确。"

唐代集王羲之书碑有数通，以怀仁和尚所集《圣教序》最为著名，盖因怀仁多从王书真迹中集出所需字迹，又深谙书理，将所集字费工安排，虽云集字，却浑然如一体。相较之下《兴福寺半截碑》则逊色不少，如明赵崡《石墨镌华》就说："兴福寺僧大雅集右军书，余观其笔法，去《圣教》远甚，应是集字者不及怀仁。而碑中有'开元九年'字，疑又从《圣教序》诸刻中摹集，非右军真迹也。"虽然有集字不佳的争议，但右军书迹赖以保存至今，实属难得。

唐　端州石室记　727年　刻于端州（今肇庆市端州区）北郊七星岩

唐开元十五年（727），李邕途经端州，感于七星岩一带山水之灵秀，遂作《端州石室记》于崖壁上。其文辞绮丽，宁静幽远，既有美景之描写，又不忘赞颂此地的政通人和。因碑石中陷呈马蹄形，故俗称“马蹄碑”。末行后有“宋乾道己丑秋九月陶定观”等字。

论者谓李邕书以行书为多，唯此记属端楷，殊足可贵。其书厚重高浑，精气内含，寓奇险于平正之中，与李邕它书绝不相类，似可遥接北魏石刻风气。清张岳崧《筠心堂文集》赞曰：“左规右矩，古质可喜，盖苏坡公于此得法耳。”

唐　麓山寺碑　730 年　原石现藏长沙市麓山岳麓书院南面护碑亭内

《麓山寺碑》亦称《岳麓寺碑》，李邕撰文并书。《麓山寺碑》主要记述自晋太始年间建筑麓山寺至唐开元立碑时，麓山寺之兴废及历任方丈和禅师弘扬佛法的事迹。其书脱胎于羲之而能变化，寓纵横于整齐之中，以此种面貌施于碑版则更显肃穆。清杨守敬评曰：“李北海独生冠时，《李思训碑》风骨高骞，《李秀碑》雄浑深厚，《麓山寺碑》用笔结体在二碑之间。”是碑上有阳文篆书碑额“麓山寺碑”四字，碑侧刻有米芾正书：“元丰庚申元日同广惠道人来。襄阳米黻。”可见米芾曾专门来访。

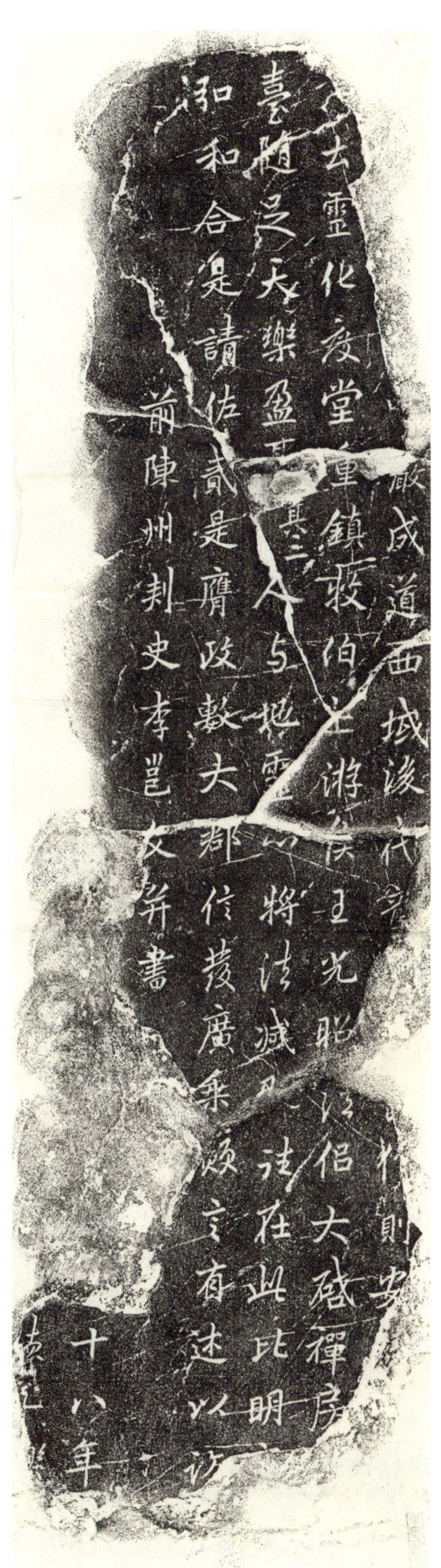

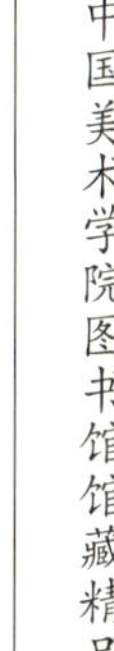

中国美术学院图书馆馆藏精品碑拓

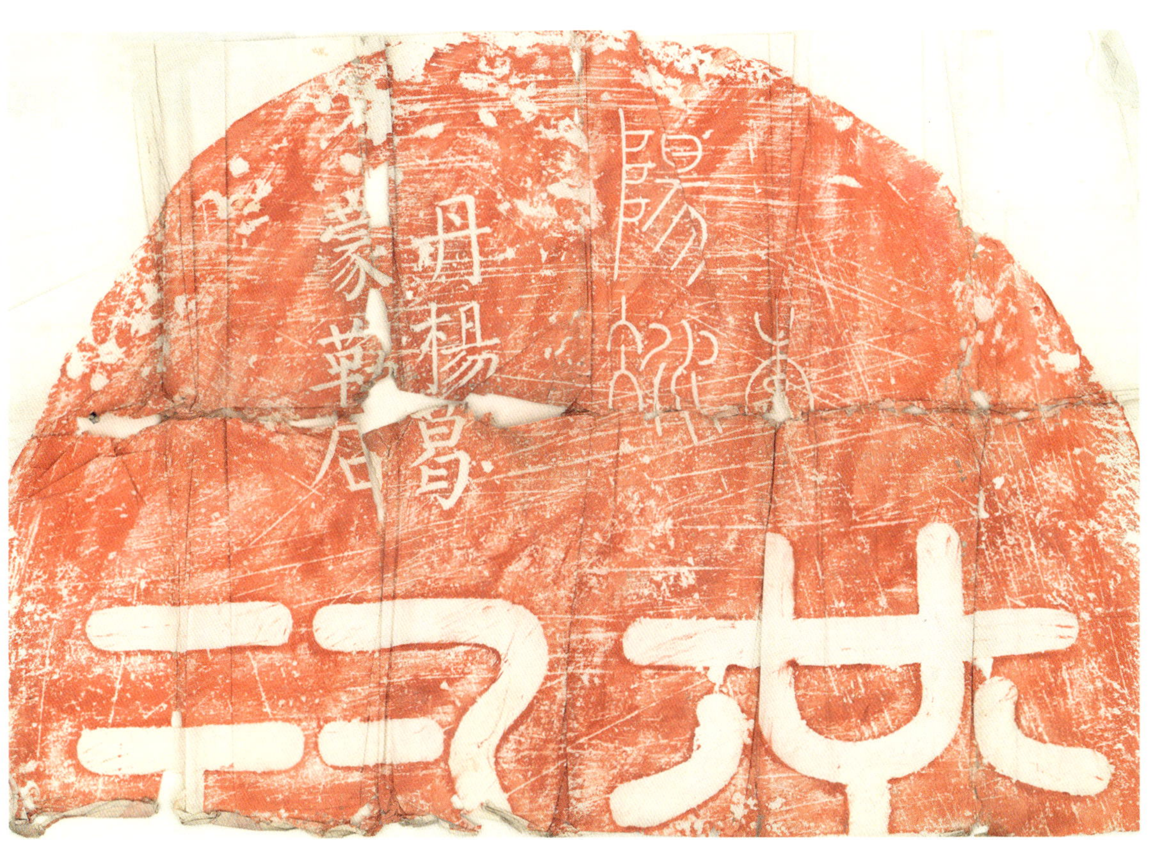

唐　黄帝祠宇碑　*唐乾元间立　原石藏缙云县博物馆*

黄帝祠宇，唐玄宗天宝年间建，李阳冰任缙云县令时为书《黄帝祠宇碑》。原碑头上署名“李阳冰”三字，并记“丹阳葛蒙勒石”六字。元代书家郑杓《衍极》述此碑书法曰：“真卿之《剑池》、阳冰之《讲台》《祠宇》等作，纵横生动，不假修饰，其署书之雄秀者乎！”同时人刘有定认为“丹阳葛蒙勒石”几字为颜真卿书，似不可信。

据元至正《仙都志·碑碣》载，是碑原在玉虚宫（仙都鼎湖峰右侧），后为县人荦置邑庠，庆历间于碑阴刊毛维瞻所撰学记。“文化大革命”中，碑在原学宫，即当时缙云中学礼堂，被一食堂工人砸毁，大部分散失，残碑在缙云城隍庙内。1980 年缙云县文物办依据旧拓本复制，今立在县博物馆碑廊。

唐　城隍庙碑　*原刻于759年　重刻于1123年　原石现存缙云县博物馆碑廊*

《城隍庙碑》共八十六字，记述祷雨、迁庙之事。欧阳修《集古录》：“右《城隍庙记》，唐李阳冰撰并书，阳冰为缙云令，遭旱祷雨，约以七日不雨，将焚其祠。既而雨，遂徙庙于西山。阳冰所记云：‘城隍神，祀典无之，吴越有尔。’然今非止吴越，天下皆有，而县则少也。”正文后有重刊跋尾两行，正书，述宣和五年（1123）重刊《城隍庙碑》原由及立石者。

是碑书法疏瘦圆劲，婉转舒展，寓飞动于工稳，妍美多而拙意少，与李阳冰他书似不相类。清代王虚舟赞其出《三坟》《先茔》之上，历来为学习李阳冰篆书的经典范本。

碑原在缙云城隍山城隍庙内，1959年拆毁城隍庙，建缙云展览馆，碑移至此。2003年冬又移至缙云县博物馆碑廊。

唐　怀仁集王羲之圣教序　762年　*原石现藏西安碑林*

《圣教序》内容为唐太宗所撰，其后皇太子李治又作《序记》一篇，是给玄奘法师所译佛经所作的序文，褒扬了玄奘法师西行取经及译经的功劳。由京师弘福寺僧怀仁集内府所藏王羲之书迹，将《圣教序》《序记》及太宗《答敕》、皇太子《答书》、玄奘译《心经》汇集成碑。此碑虽是集字，且有些字为拼接而成，但因怀仁对王羲之书法的深刻理解，终能各尽其势，很好地体现了王书的艺术特征，可谓“备尽八法之妙”，成为学习王羲之书法的经典范本。孙鑛《书画跋跋》云：“此帖乃行世法书第一石刻也……今观之，无但意态生动，点点画画皆如鸟惊石坠，而内法紧，笔笔无不藏筋蕴铁，转折处笔锋宛然与手写者无异。”

唐　不空和尚碑　781 年　原石现藏西安碑林博物馆

《不空和尚碑》全名《唐大兴善寺大辩正广智三藏国师之碑》，为不空和尚圆寂后唐德宗敕准不空和尚弟子慧郎在大兴善寺所立，碑文记述了印度高僧不空和尚在唐弘扬佛法的功绩以及佛教密宗一脉的发展史。严郢撰文，徐浩书丹。碑文书法多含蓄内敛，温柔敦厚，圆熟端庄。正如明赵崡在《石墨镌华》所评：“今观《不空和尚碑》虽结法老劲，而微少清逸。”徐浩写此碑时已七十九岁，为其晚年代表作。

碑原立于长安靖善坊大兴善寺内，宋哲宗元祐五年（1090）移至文庙，后入藏西安碑林。明嘉靖三十四年（1555）关中大地震，此碑亦受损，故碑身上有裂痕。

唐　八关斋会报德记　772年　原石现存商丘八关斋景区内

《八关斋会报德记》全称《有唐宋州官吏八关斋会报德记》。唐代宗大历七年（772）四月，“安史之乱”时两解睢阳之围的名将田神功得热疾，睢阳人便向官府建议，举行八关斋会为田神功祈福，以报其解救睢阳危难的恩德。时颜真卿应邀而书此记，刻成八棱石幢。此碑字大如拳，是颜真卿64岁时书，生辣雄强，纵横恣肆，看似消散苍茫却又精到森严，显示出颜真卿人书俱老之境。

唐会昌年间，武宗李炎下诏清除佛寺，地方官吏因石幢巨大，不便搬动，便将碑文錾凿数处，就地埋于土中。后郡守崔倬根据拓本将其补全，明嘉靖时加盖碑亭。“文化大革命”时亭碑俱毁。石幢被砸为三段，上部四分之三现存于商丘市博物馆，其余去向至今不明。

河南節度觀察使開府儀同三司太子太師左右僕射
夫汴州刺史上柱國信都郡王田公頃疾良已之所者
南宮人稟元和之粹靈膺期運[illegible]傑出含弘厚[illegible]正直
德感生人竭忠而精貫白日和衆必資於寬簡安
武藝絶倫英謀沉祕所向而前無强敵日新而學有

唐　宋广平碑　772 年　*原石现存邢台市开发区*

《宋广平碑》，又称《大唐故尚书右丞相赠太尉文贞公宋公神道之碑》，颜真卿撰并书，是唐代名相宋璟的神道碑。宋璟（663—737），字广平，邢州南和人，与房玄龄、杜如晦、姚崇并列为唐朝四大名相。是碑为颜真卿五十六岁时书，洋洋三千余言，尽述宋璟历仕三朝的荣耀事迹，“人、文、字，真足三绝”。清大学士魏裔介《宋广平碑跋》说：“其神道碑文乃颜鲁公撰并书，文则景星庆云，字则龙翔凤翥。盖文贞公为有唐一代奇绝人物，而鲁公气节皎皎，与日月争光，精神相耀，故不肯轻着一笔，真世之鸿宝也。”

是碑初立时，前后两面及碑右侧皆刻文，左侧无字。大历八年（773）颜真卿任湖州刺史后，因“尝思前文疏漏”，就又写了一篇增补碑文，想请宋俨将其补刻于碑左，后因事耽搁，直到大历十三年（778）春，才补刻于碑之左侧。

得前河南尹李朝隱知摘使中丞王[illegible]治之生當降黜公奏曰若致罪二臣將來必受其弊遂命公捨之[illegible]陛下責之以臣

之是過歸於上恩由於下臣請使且待罪然後俾其復職遂嘉而從之　玄宗嘗命公名諸皇子又公主邑号既而又令各定

一美名公奏稱七子均養鳲鳩之德錫以名号不宜有殊若母寵子異恐非正家之道王化所宜　玄宗悅而從之八年拜開

府儀同三司進爵廣平郡開國公策勳上柱國狂豎權梁山構逆長安有司深探其獄勅公按覆如京兆司錄李如璧等百餘家皆

以借宅假器悉當連坐公以婚姻假借天下大同至于京城其例尤衆知情即是同反無罪不合論[illegible]兇渠之外一切原免天下欣

服焉中書令河東公張公傑出將明之材獨運廟堂之上鏡機朝[illegible]見事風生求公規摸悉闕堂案[illegible]至危言讜議執正守中未嘗

不廢卷失聲汗流洽背其爲通賢所服也如此十三年駕幸東都以公爲西京留守公樞[illegible]有所隱[illegible]玄[illegible]

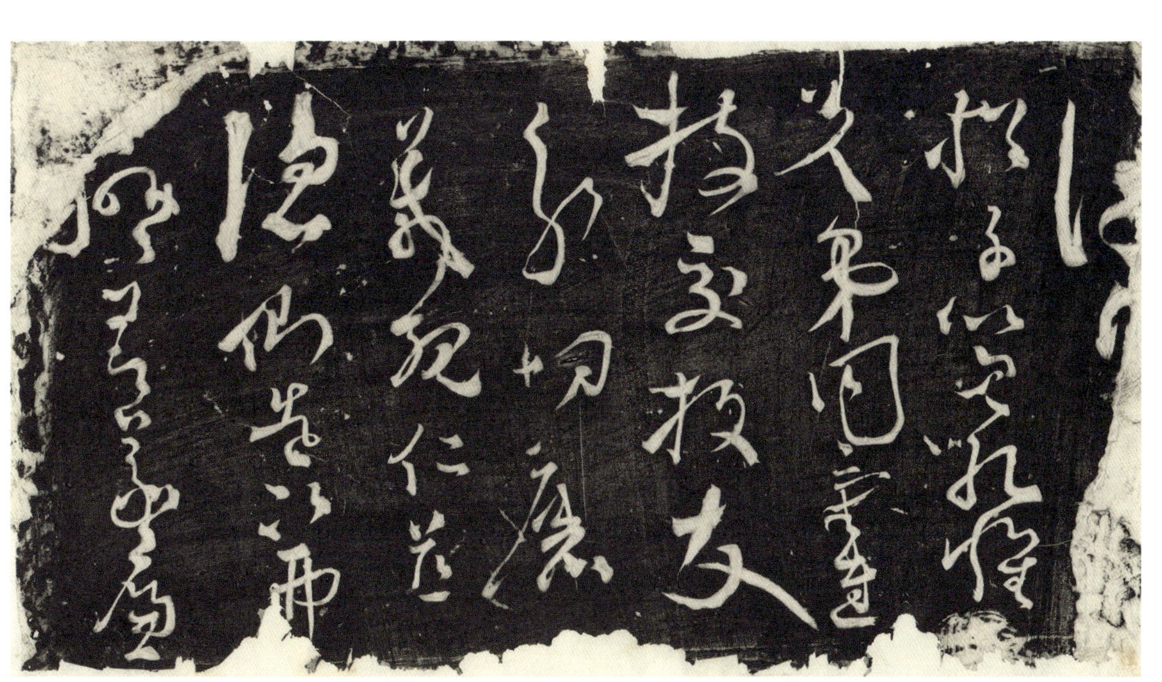

唐　千字文断残碑 原石现藏陕西西安碑林博物馆

草书《千字文断残碑》，现存六石，清叶奕苞《金石录补》卷十四记曰："右张旭草书《千字文》，《复古碑录》云自'学优登仕'至卒章，凡六百九十五字，存者六百七十三，复者五，亡者二十二，又从大观别本得'薄夙兴温凊'而下四十六字，乃并刻之，今已残缺过半，纵横奇诡，不可名状。"是刻无名款，自北宋以来人多认为是张旭所书，盖由其书法纵横跌宕似张旭草书。如北宋黄伯思《东观余论》即说："始观张旭所书《千字文》，至'母''图''隶''散'等字怪逸过甚，好事者以长史喜狂书，故效其迹。及反复徐观，至'雁门''云亭''愚蒙''瞻仰'等字与后题月日则雄隐轩举，槎枿丝缕，千状万变，虽左驰右骛而不离绳矩之内。犹纵风鸢者，翔戾于空，随风上下，而纶常在手；击剑者，交光飞刃，欻忽若神，而器不离身。驻目视之，若龙鸾飞腾，然后知其真长史书而不虚得名矣。"

唐　狄仁杰祠堂碑　812 年　*原石现存河北邯郸大名县孔庄村*

武则天万岁通天元年（696），契丹入侵，河北震动。狄仁杰来任魏州刺史，安定百姓，契丹闻风自退，民心得安，使魏州人民免受战火。魏州人民感念狄仁杰恩德，于圣历元年（698）为其建立生祠。开元十年（722）十一月，为其立碑，由李邕撰文，张庭圭书丹。然祠堂与碑皆毁于安史之乱战火。

唐宪宗元和七年（812）魏博节度使田弘正于旧址复建狄仁杰祠堂，立碑记述狄仁杰在魏州任刺史时的政绩和重修祠堂及碑的过程。此碑由冯宿撰文，胡证书丹篆额。碑文字体工整，笔法俊秀有力，属于颜真卿楷书一路，略近颜氏《麻姑山仙坛记》，结体全然正面取势，字字磊落庄肃、气宇轩昂；布局充实茂密，有行无列，行距、字距紧密，但字内洞达开张，风格清雄劲秀。

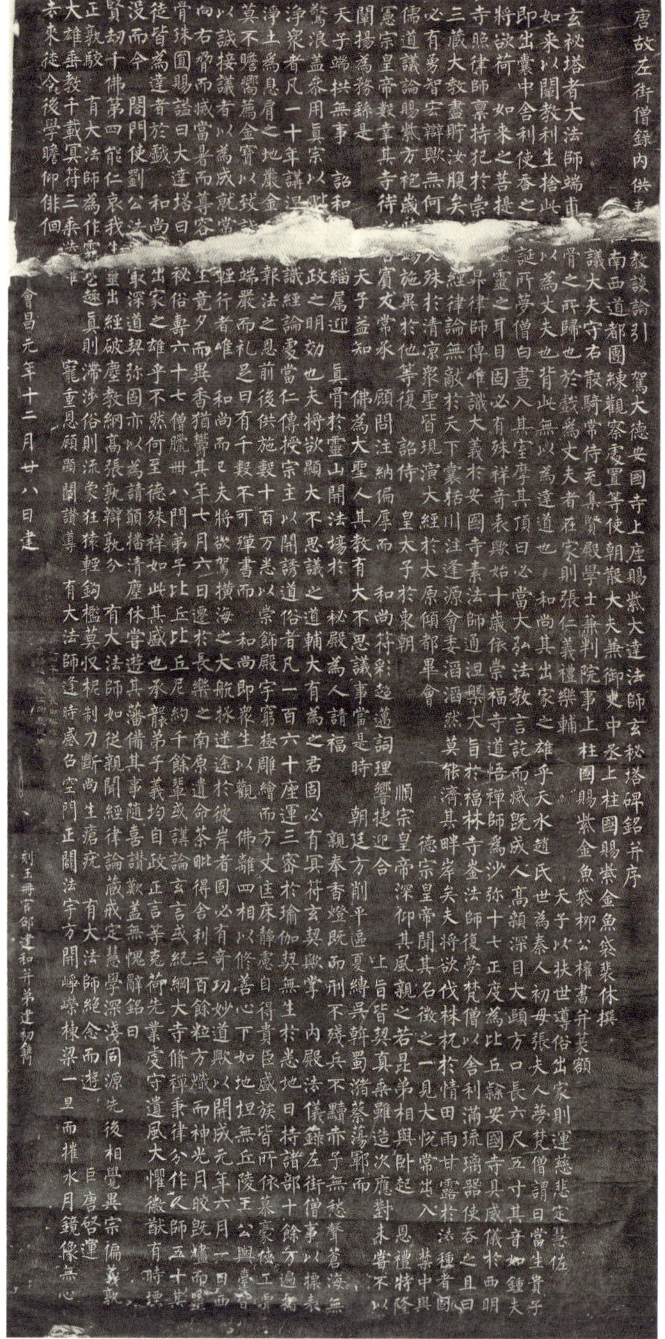

唐　玄秘塔碑　841 年　原石现藏西安碑林

《玄秘塔碑》是为纪念唐代高僧端甫法师（谥号“大达”）而立。端甫是继玄奘法师后又一位大德，在佛学上的造诣极为精深，尤以主讲《涅槃》《唯识》等著称于世，在佛学界备受推崇。端甫在朝中掌内殿法仪，恩遇尤深。端甫圆寂后由时任宰相裴休撰文，柳公权书丹，立碑以资纪念。柳公权在书写此碑是已 64 岁，可谓人书俱老，柳书吸收了欧阳询之峻整、颜真卿之开阔，寓流转于劲健，含丰润于清刚。此碑用笔斩钉截铁、结体庄重谨严，通篇骨力洞达而不乏丰腴之姿，为柳体书法的代表作品。明盛时泰评曰：“《玄秘塔》是柳书之极有筋骨者，刻手精工，唐碑罕能及之，故可宝玩。”

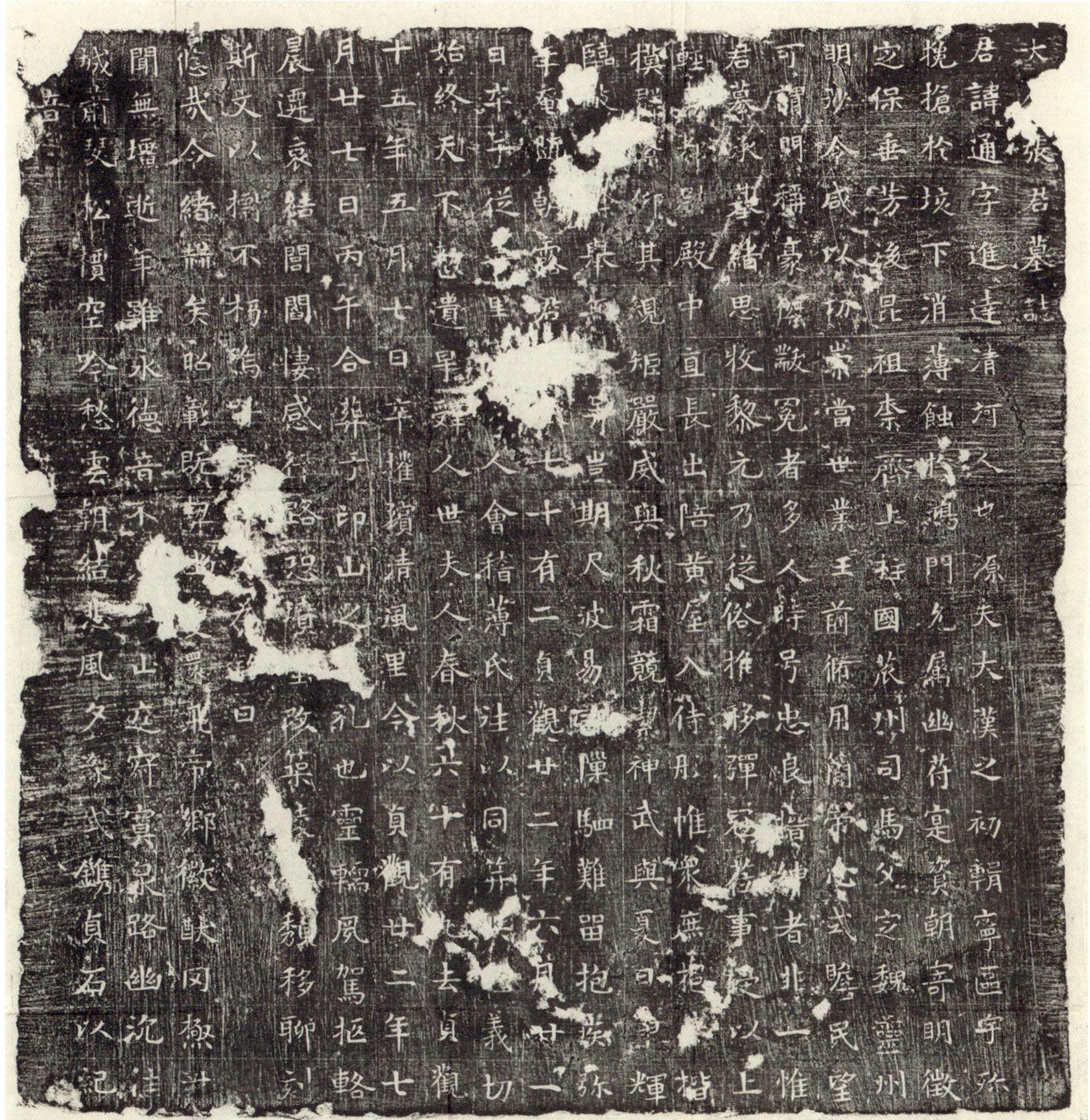

唐　张通墓志　647 年　原石现藏河南图书馆

《张通墓志》，全称《大唐张君墓志》，刻于唐贞观二十二年（647），民国时期出土。墓志方形，楷书，二十一行，行二十一字。张通，字进达，清河人（今河北省邢台市清河县）。此志书法用笔挺劲，结体方正平稳，近隋人楷书之貌。武德、贞观年间的楷书是隋代的延续，这一时期的书家大多由隋入唐，楷书体现出南北融汇的风格，更俱法度。

唐　大唐故云骑尉王府君及夫人魏氏墓志铭　661年

王朗，字玄明，太原晋阳人。永徽元年（650）卒，享年63岁。其夫人魏氏卒于龙朔元年（661），享年67岁。此墓志为王朗与夫人魏氏合葬时所作，立于印山翟村（今山西临汾尧都区县底镇翟村）之西。此碑书迹棱角森挺，刀刻意味浓郁，呈现一种方正朴拙，豪放雄强的面貌，承北朝、隋代墓志遗韵。

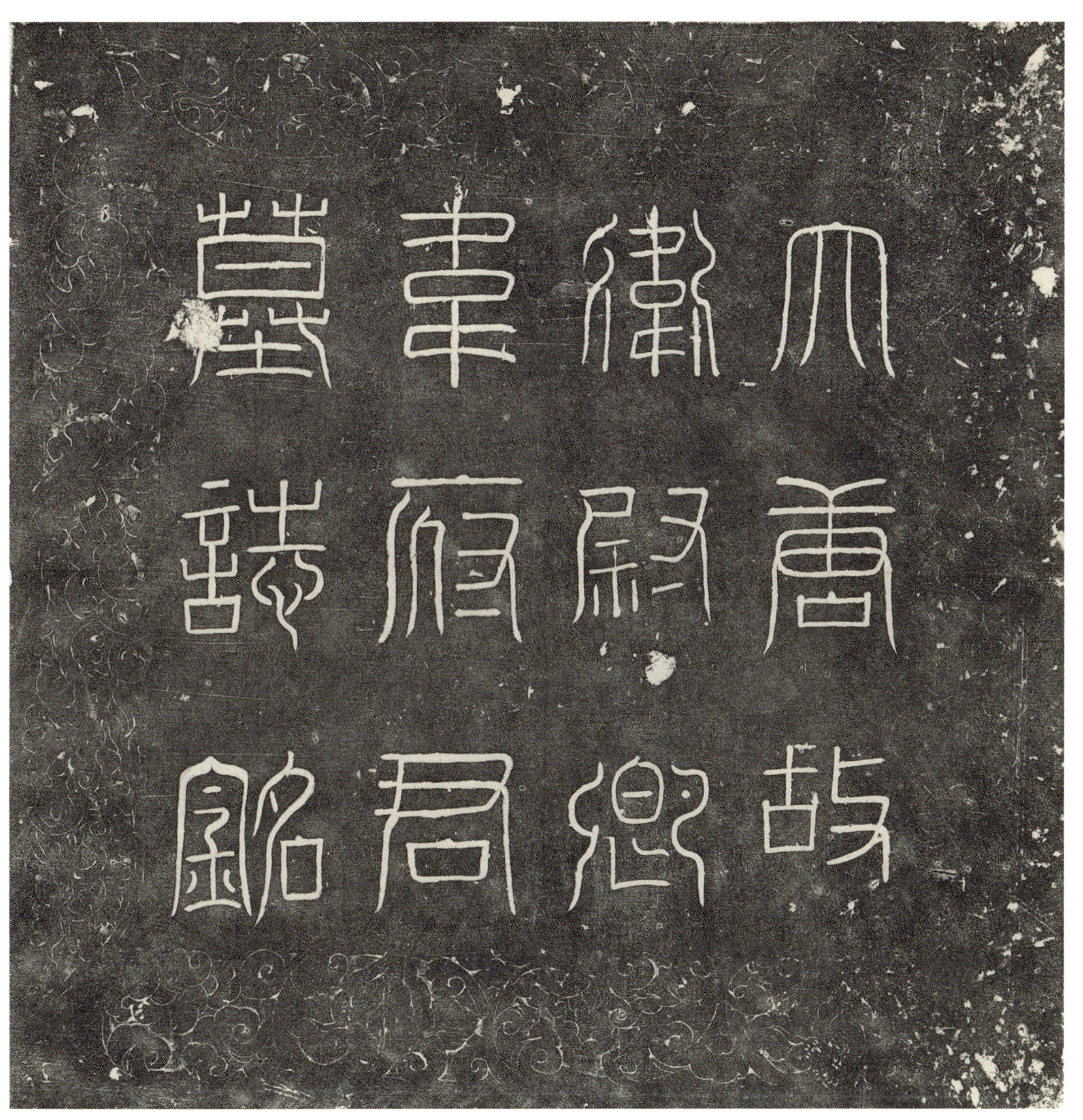

唐　韦顼墓志　718年　*原石现藏西安碑林*

《韦顼墓志》是韦顼的墓志铭，苏晋撰文，书丹与刊刻者皆不详。韦顼（635—716），字励己，京兆杜陵（今陕西省长安区）人，《新唐书》有传。此志清宣统二年（1910）于长安县李王村出土，现藏于西安碑林。此志书法用笔方圆兼备，结字偏方，疏朗开阔，点画外柔内刚。整体空灵婀娜，轻重变化一任自然，似是师法褚遂良。唐代褚遂良书法影响甚广，学褚者众多，褚氏《雁塔圣教序》风格在当时为皇室及社会上的主流书风，故当时的墓志书法多像褚河南。

大唐故銀青光祿大夫衛尉卿扶陽縣開國公諡軍韋公墓誌銘并序
前中大夫守泗州刺史上柱國野王縣開國男穣音撰
公諱頊字勵已京兆杜陵人也厥初泉流系聖於軒昊肇允繁衍任霸於夏商孟傅弘義而保身玄相補
而興構既崇德以貽厥固綿永而浸昌高祖邕後魏本朝請大著作曾祖休業後魏大丞相府東閤祭酒
上黨王諮議參軍太中大夫馮翊扶風宜陽三郡太守使持節車騎大將軍開府儀同三司金紫光祿大
夫新豐縣開國公祖澄隋大丞相府法曹東京兵部侍郎定陵郡守司勳侍郎朝請大夫尚書左丞通議
大夫國子司業 皇朝上開府國子祭酒金紫光祿大夫使持節綿州諸軍事綿州刺史贈嘉城縣開
國公諡曰敬父慶植 皇秦國公府錄事參軍秦王府司馬倉部郎中舒容二州刺史禮樂文章規
天爵旅常圭紱疊矩朝經著任之庭良直擅其經緯史稽之苑文雅洽其儀形代有君子大隆隱居之
志時更衰亂山甫私經籍之心臺閣茂其崇蘭麓蓋流其時而人謙尚襲國史彼詩公善積靈根慶鍾乃
植神情瀟浪英華外挺於珪璋風韻周流和順內韻於蘭蕙瑤林聳其茗楚丹穴紛其美價年卅五解褐
補秦州都督府戶曹參軍秩滿授岐州司倉參軍河西都會既兼戎馬岐陽奧壤地收寶雞厥籍克諧京
庾斯任道存夷雅常垣重身之懷事有遭隨旋踰遇捃之數以親累左遷定州司功參軍事真定名區實
符攸在達人大觀幽蘭自芬載光汝南之書終邁弘辰之肅遷宜州同官縣令轉鄜州三原縣令畤緣鄜
時隧兮高陵邑既截甸王化所先淨通鄭白華實斯上豪有五陵之舊啟爲百里之難刑之以秋霜德之
以春雨茂陵懸於有讓谷口愧其無言加朝散大夫遷幽州司馬黃裳元吉朱紱方來故屋近郊俗敦行
葦緹油貴屏禮盛栖桐式題仲舉之與用展士元之驥尋拜都水使者夏勤濬洫漢務河渠推郡國之魚
塩兮上林之池藥昔惟鍾利之雜今實優賢之地留連多暇賸韻彌高俄遷宗正少卿又轉光祿少卿朋
伯所職序厥宗親漢官舊儀盈茲擢貴伯興忠節者於朝廷思元之愛被於廣養又遷衛尉卿加銀青光
祿大夫漢營八屯舊崇九列君陵戚屬而猶讓對則茂行而方居窮覚日華風流滋彥情存鼓缶禮及[illegible]
車表疏陳乞骸從優允石氏絃歌未盡明君之曲魏宮鐘漏竟催田豫之年日以開元四年四月十日薨
於京師永寧坊之私第春秋八十有一嗚呼哀哉惟公從心而受盡已以進均澂登於條風審憂聯於症
豈由是交士林忘其貴撫寮舊盡其懷囊中約十日之遊席上盈万錢之費所詔恭兼名實樂極優遊者
爲夫人河東裴氏魏龍驤將軍雍州長史高邑縣開國男同車騎大將軍儀同三司豐遂資三州刺史鴻
智之曾孫隋蜀王記室參軍師武之孫皇燕然都護府司馬幽州都督府司馬忠州刺史懐興之子台氏
命族由來尚矣人物衣冠者於圖牒鶴業爲貴可略而言夫人稟柔明之姿承詩禮之訓紃組不回於姆
教盥饋潛會於嬪則年甫笄總迫如言歸爰采蘋蘩克蠲祠禴自初鳴鳳之盛終致關雎之美夫華蒼玉
朝奉栢梁之宴子貴孫芝㝉下平陽之第既茂河山之服是光翬翟之容嗚呼寒暑爲邪有在肓之痛福
善何棄無返魂之香嗚呼哀哉以神龍三年二月廿六日薨葬於長安城南畢原之北 制贈魏國
夫人官給喪事羽儀鹵簿至墓來往日以開元六年歲次戊午七月丁癸朔廿九日辛酉乃奉公之神駕
合葬於魏國夫人之舊塋禮也有子駙馬都尉銀青光祿大夫彭城郡開國公上柱國右金吾將軍衛尉
卿左出歙州別駕鐵望甚灼高名加武子伊蔦增痛風樹窮哀陟岵之載遷異篆刻之無肆其銘曰
曹始軒昊社啓彭韋楚盃流懿漢賢增輝自茲厥後福履攸歸爲其才青法纂未扉其一日高尚學延閣肴
書曰曾文雅平臺戾祐祭酒膏澤蘭薰在諸洛州時雨清風滿如其二瑤玉載誕自家升國樹桂真蓄始終
無惑濯纓從事懸車貽則畢高以諸風斂允塞其三靈若達衛闕叢森之愛德下傾群士林參以酒德蓬
以琴心人言無間天命匪忱其四蘭晚初茂慶雲其郁彼美嵩巢載華聲服方紫石窮遐暖流谷終悲共盡
言安永卜瑊杜陵舊域畢陌新阡夢草治露行楸滅煙哀哀孝子慎終追先兼高深之無極惟蘭菊之在
爲其六

唐　张点墓志　733 年

《张点墓志》，全称《唐故秀士张君墓志》，张点为唐代名臣张柬之之孙，家世显赫，惜未成年而夭折。清道光年间，席介石于湖北襄阳发现唐代张氏家族墓志十种，世称“襄阳十志”，《张点墓志》即其中之一。此志书法用笔劲利，点画圆厚遒劲，结体修长，章法整齐，书法甚佳。张氏家族墓志曾藏于襄阳中学堂，辛亥之际，军队占据，用各志以砌灶，遂将其全部炸裂。

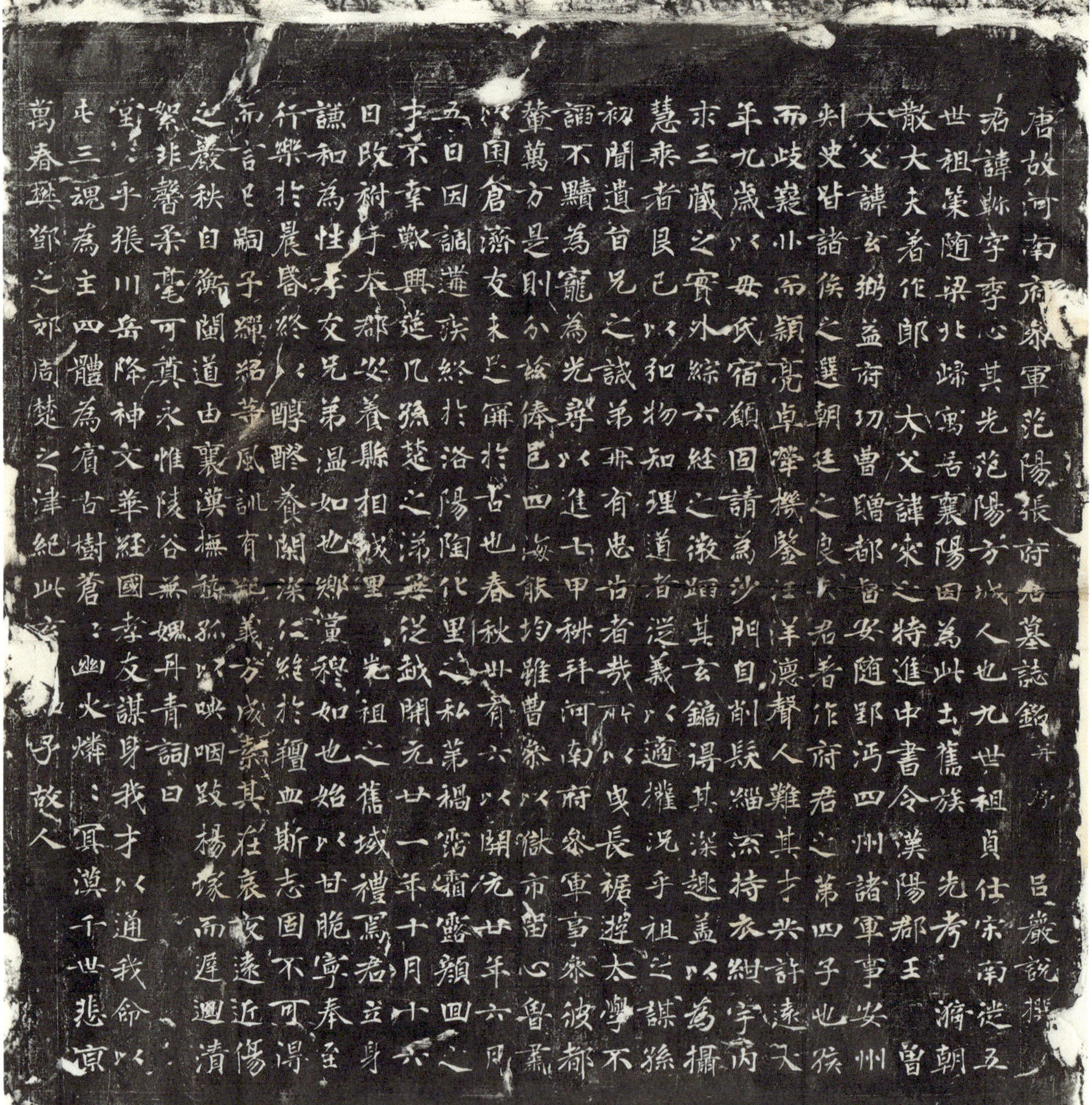

唐　张轸墓志　733 年　747 年

张轸，字季心，汉阳郡王张柬之之孙，朝散大夫、著作郎张漪之子。其墓志有二，一为开元二十一年（733）十月吕岩说撰，书法用笔遒劲，结构端庄，点画的提按清晰，富有虚实变化，书法似从隋智永中来。二为天宝六年（747）十月乡贡进士丁凤撰文，书法用笔灵动，点画圆润，结体与前一方墓志接近，其体格也较为接近，但书与刻较之第一方则差强人意。图为 733 年墓志拓片，下页图为 747 年墓志拓片。

张轸逝世于夫人前，已有志，夫人十四年后卒，合祔时又修一志，故有两志。襄阳张氏十志之一。

唐故河南府參軍張君墓誌并序　鄉貢進士丁鳳撰

君諱軌字季心其先范陽方城人也曾祖□鄉皇秀才擢第拜長安尉益
府仍書贈都督安隨郢沔四州諸軍事安□剌史祖柬之秀才擢第□宗
社艱難時范文正特進中書令監修國史上柱國漢陽郡王本州史食
封七百戶碩德金章勳庸茂績傳諸國史備列先碑父循秀才擢第朝散
大夫著作郎佐乂皆謀能安漢室建藩除呂獻議如晶功亞朱虛侍歸踈
受君則著作之第四子聰合誕孕慶積公忠體峻精峯神高秋色傳冊嚴
乳醴腥羶嘗岐嶷有成詩書便覽往昔中宗復辟邪黨構端大父被奪
鳳池歸長典郡見君性不食肉幼及成重奏為梵苑沙門配居龍興精舍
載雖及冠於公為時君謂釋門之道也祈沒後之因儒門之教也綵當今
之弊脩惠狹於善已濟世悖於蒼生返初服於巾簪捨緇流而冠帶屬
天波昭滌祖廟立宗支子從難大才誰繼胄胤曰吾當檀鴻筆取青紫即
貴太學擢秀才無何拜河南府參軍以秀才有後也況官參河洛獨佋府
書墳籍文章儒宗墨客虛心待士厳俸歸仁餘慶未融斯文乃喪味不知
六以遷于洛以開元廿年六月五日遘疾不祿於洛陽陶化里私第春秋
卅六嗚呼知音者莫不云變風雅之篇什稟江山之清潤方繼國而可大
尚況跡而未光痛昭世之早辭乃邦家之彌瘁有集三卷行於代
夫人安陽郡氏備佩針管脩整組紃事始□姻聽於鷄鳴作嬪媛著於許葉
訓子得義方之蠱孀居存師傳之儀早歲壽德於公宮晚載脩心於釋典
以天寶四載六月十七日寢疾終於故里私第享年卌有九越天寶六載
十月十二日合祔于安養縣相城里先□之塋禮也嗣子曰繹曰縉
藥〻相撫哀〻相次愷悌孝友聞禮言詩既積學而含章亦高墉而射隼
女也事夫終遠弄瓦存畀相對悲號皇〻鴒墓將題寶錄用叙哀詞銘曰
軒轅垂裳支裔分張子孫范陽亦葉全昌從官遷從茅社金章其一猗歟君
子炳靈代起文章宮徵弱歲異此不食于肉歸於釋子其二翽飛國庠擢秀
明敦繼業照芳參卿洛陽嗟乎中折梁壞人亡其三　夫人婉德禮全內則
母儀柔克嗣子食國駈馳文墨咏〻相向銘誌將勒其四

唐　张孚墓志　740 年

《张孚墓志》，全称《唐故豫州郾城县丞张君墓志》，刻于唐开元二十八年（740）。墓志方形，楷书，二十行，行二十三字。由其侄张绰撰文，内容为张孚及夫人呼延氏墓志铭。张孚，字孟信，亦为张柬之之孙，其父张漪，唐朝散大夫、著作郎。此志书法与《张点墓志》极为相近，如出一手。

唐　刘智墓志　756 年

刘智，字奉智，泾阳（今陕西咸阳）人，天宝二年（743）卒。其夫人于天宝十五载（756）卒，与其夫刘智合葬于西都长安县。《刘智墓志》全称《大唐故刘君合葬墓志铭并序》，墓志嘉道间出土于陕西西安。结合出土之《刘奉芝墓志》《刘升朝墓志》及相关史料，碑史互证，志主刘智之父、祖、曾祖与刘奉芝相同，二人当为兄弟关系。墓志存世有两种拓本：其一为“进士张遘文”本，其二为“武功苏灵芝书”本。其中，标题下方题“进士张遘文”本为此志原石拓本。墓志曾归山东刘燕庭所得，被其携以至浙，存放在杭州净慈禅寺六舟法师的万峰山房之中。太平天国战争期间，净慈禅寺遭受重创，此志石也毁于兵火。

此志用笔方圆兼备，以圆为主，多用藏锋，起承转折含蓄内敛，笔意圆浑，虽略肥厚却不失骨力。横细竖粗的特征较为明显，基本呈现颜体风貌。

唐　大德尼如愿律师墓志　775 年

《大德尼如愿律师墓志》，全称《大唐真化寺多宝塔院故寺主临坛大德尼如愿律师墓志铭》，秦昊书，记录了如愿律师生前主持该寺多宝塔院之事，并叙其生平与德行，言“其慧也月照千潭，其操也松寒万岭”，并得到皇家的尊崇，屡受赏赐，但仍潜心修行，德行日盛。《大德尼如愿律师墓志》书法用笔灵动，结字端庄，气韵通达流畅，是唐代墓志中的精品，惜出土后不久原石就断为数块，此尚是未断之前的拓本，较为少见。

唐　郑准墓志铭　830 年

郑准，字不欺，生卒年无考，荥阳人。郑姓受于周，汉魏以降，其族滋大。郑氏多刺史，其父郑华亦为驾部郎中、吉州刺史。此碑不可辨识处较多。书风似虞世南，结体开张，工整秀丽，温文尔雅。用笔含蓄，结字雅正，闲适自然。

唐　韦夫人墓志　859 年

《韦夫人墓志》，全称《唐故京兆韦夫人墓志铭》，刻于唐大中十三年（859），出土于河南洛阳。楷书，二十九行，行二十九字。古代墓志铭文，多请托他人撰写，以为征信。而唐代墓志出现了至亲自撰墓志的现象，且占有极大比重，《韦夫人墓志》为其中之一。韦夫人即孙徽妻，此墓志铭文即孙徽亲自为其妻撰写。孙绿书丹，并篆盖。此志用笔爽利遒逸，点画清劲有神，结体严谨，于规矩中见飘逸，颇有欧、虞之风韵。

五代

后梁　石彦辞墓志　910年　*原石现藏西安碑林*

《石彦辞墓志》全称《梁故静难功臣金紫光禄大夫检校司空前守右金吾卫大将军充街使兼御史大夫上柱国武威县开国男食邑三百户石府君墓志铭》，由胡裳吉撰文，李昭远书，石彦辞之从侄石戬篆盖。志石为正方形，高、宽均为93厘米。志文楷书五十行，行五十字，书法瘦劲婀娜，用笔精道，是五代时期难得的精品。志盖呈覆斗状，四边饰牡丹纹，四角饰葵纹，四刹饰四神纹，四侧饰卷草纹。此志出土于河南洛阳，具体时间不详，1938年经于右任移存西安碑林。

宋

北宋　阴符经　966 年　原石现藏西安博物馆

北宋郭忠恕三体书《阴符经》，由安祚勒字，于大宋乾德四年（966）四月十三日刻于石碑。此作三体书为：大字篆书，小字古文、八分书。三体之中篆书用笔圆转，与梦英篆书千字文结字相似，故巧妙生动，而隶书稍逊。宋欧阳修《集古录》评论说："郭忠恕书《阴符经》，篆法自唐李阳冰后，未有臻于斯者。近时颇有学者，曾未得其仿佛也。《实录》言忠恕死时甚怪，岂亦异人乎？其楷书尤精也。"

其有德於斯民甚厚
皇宋受命四方僭亂以次削平
兵至城下力屈勢窮然後束

北宋　表忠观碑（部分）　1078 年　明代重刻石现藏杭州钱王祠

表忠观系北宋时为颂扬吴越钱氏之功德，保全钱氏坟庙而建，碑文由苏轼撰并书之。原碑书法劲健俊伟，又不失宛转灵动，风格颇近颜真卿《东方画赞》，明王世贞《弇州山人稿》云：“《表忠观碑》，苏文忠公撰并书，结法不能如《罗池》老笔，亦自婉润可爱。”充分表现了东坡书法似绵裹铁，内刚外柔的风格。因宋石残泐，明嘉靖三十六年（1557）知府陈柯重刻之，摹勒书体不佳，字骨较软。故清人钱大昕说：“《表忠观碑》笔法方整俊伟，比之蔡君谟有过之无不及，坡公最用意之作也。钱王祠有明人重刻本，文虽完好，特优孟之衣冠耳。”

泉州萬安渡石橋始造於皇祐五
年四月庚寅以嘉祐四年十二月
辛未訖功纍趾于淵釃水爲四十
七道梁空以行其長三千六百尺
廣丈有五尺翼以扶欄如其長之
數而兩之靡金錢一千四百萬求

北宋　万安桥记　版本一　原石现藏泉州蔡襄祠内

万安桥即泉州洛阳桥，建于北宋嘉祐四年（1059），为中国第一座内港跨海石桥，为时任太守蔡襄倡建，蔡襄因纪此桥而作《万安桥记》，原摩崖刻文于桥头岸左，宣和间（1119—1125）由蔡襄曾孙蔡桓拓本重刻，立于蔡襄祠内。此碑书法气质雄健，且文字精炼，工刻细致，誉为文、书、镌“三绝”。碑文楷书端庄遒丽，丰趣俊逸。朱熹赞道：“颂公之功兮万安有碑。楷法草书，独步当世，文章青史，见重列淡。”《弇州山人稿》写道：“万安天下第一桥。君谟此书，雄伟遒丽，当与桥争胜。结法全自颜平原来，唯策法用虞永兴耳。”

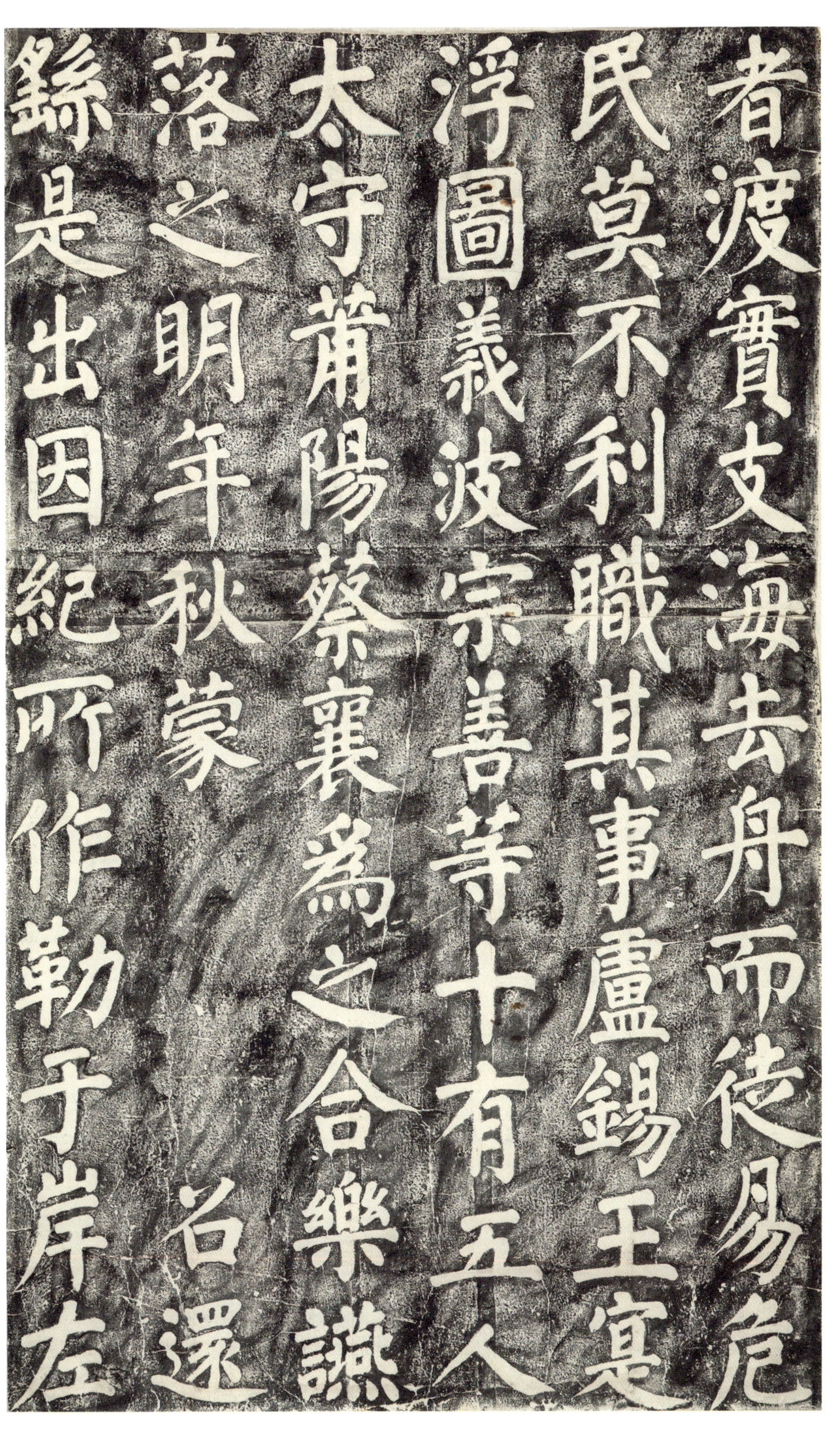
者渡實支海去舟而徙易危
民莫不利職其事盧錫王寔
浮圖義波宗善等十有五人
太守莆陽蔡襄為之合樂讌
落之明年秋蒙　召還
繇是出因紀所作勒于岸左

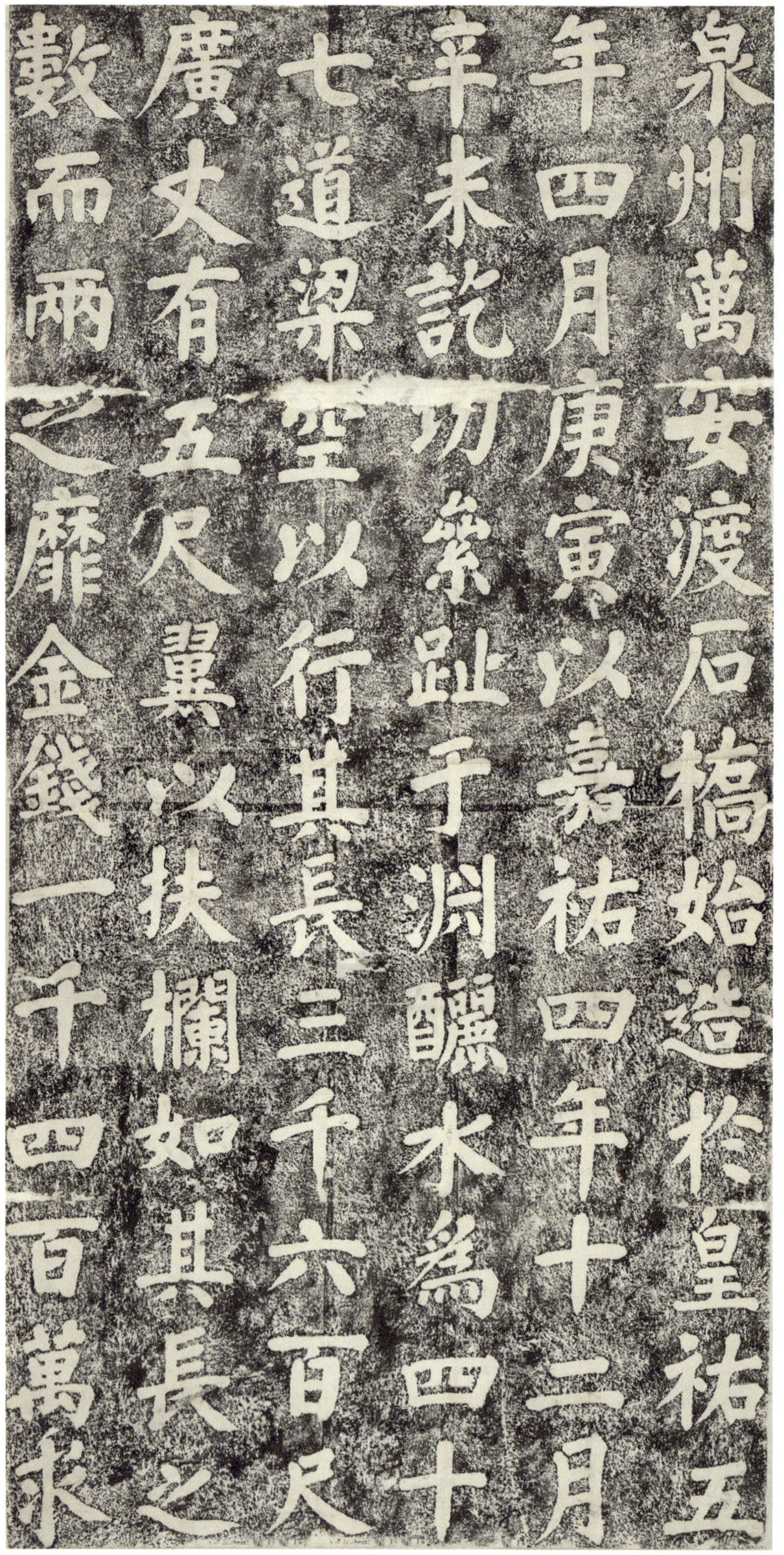
泉州萬安渡石橋始造於皇祐五
年四月庚寅以嘉祐四年十二月
辛未訖功絫趾于淵釃水爲四十
七道梁空以行其長三千六百尺
廣丈有五尺翼以扶欄如其長之
數而兩之靡金錢一千四百萬求

北宋　万安桥记　版本二

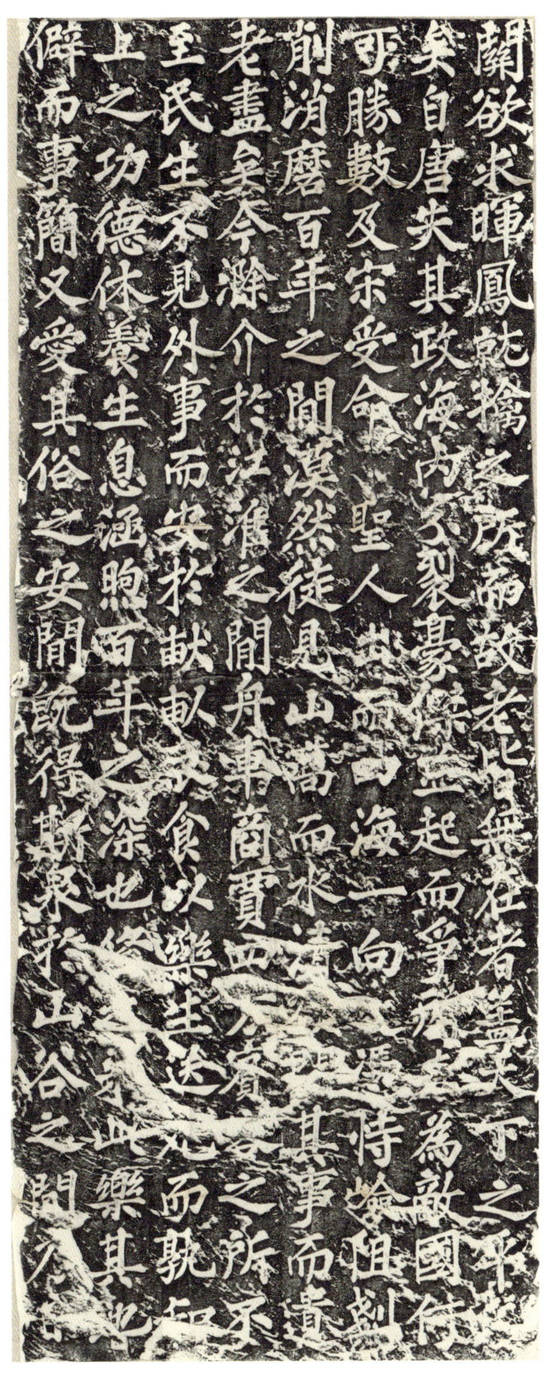

北宋　丰乐亭记　*原石刻于北宋元祐六年（1091），明重刻，现存于安徽丰乐亭内*

丰乐亭为欧阳修于北宋庆历六年（1046）所建，并撰文《丰乐亭记》纪之，苏轼书丹。此碑是苏轼晚年书法力作之一，体度庄安，气象雍俗，字体楷中稍见行意，有“笔圆而韵胜”的特点，其笔法为历代书家称道，称其字“神采欲飞”“丰劲跌宕，中多偃笔”“字口锋锷毕露……精采点点照人”。然今所见拓本用笔不精，弯勾顿挫皆泥泞，气质不佳。

《丰乐亭记》碑原刻毁于兵燹，今见乃明重刻者，存于丰乐亭内，该碑传至“文化大革命”前基本完好，“文化大革命”时遭红卫兵破坏，现已字迹斑驳，残缺不全。

北宋　卢舍那佛会造像题记　1022 年　原石现存杭州飞来峰

主尊为卢舍那佛，后排四胁持菩萨，中为四护法金刚，前左右为文殊（跨狮）和普贤（骑象）菩萨，两侧分别是佛林和撩蛮为其牵狮带象，莲花座前两个半蹲供养童子作侧身仰望之态。龛楣上端有飞天两身，戴宝冠，着天衣，佩璎珞，捧鲜花，凌空飞舞散花；龛外侧刻乾兴元年（1022）胡承德造像题记。题记为：“弟子胡承德伏为四恩三有，命石工镌卢舍那佛会一十七身，所期来往观瞻同生净土时。大宋乾兴元年四月日记。”另外还有熙宁年号和元丰二年（1079）的游记等。书法罗列造像四周，楷则森严，法度具备。所书态度之恭谨，与一般北朝造像题记之潦草不同，足可见供养人心诚无间。

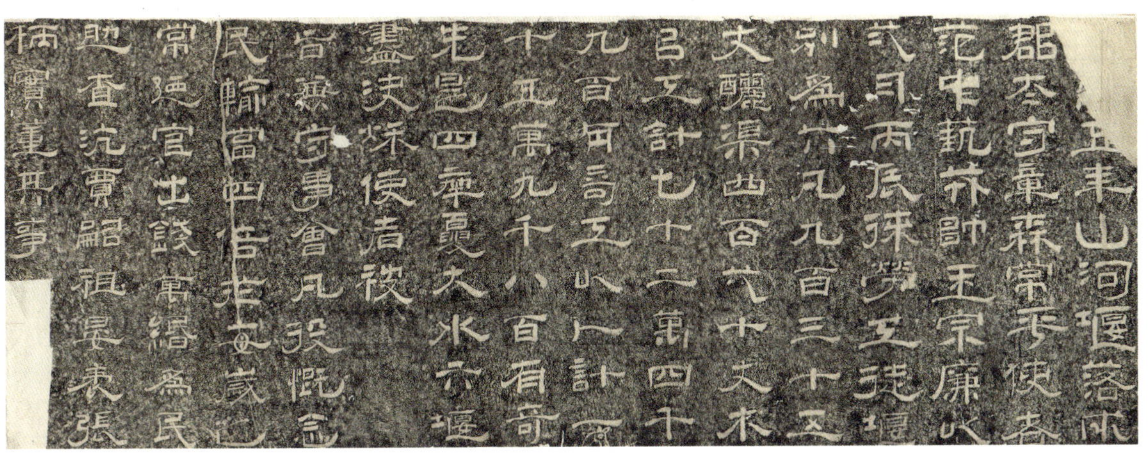

南宋　重修山河堰碑　版本一　1194 年　原石现藏汉中博物馆

《重修山河堰碑》所记内容为宋绍熙四年（1193）夏，褒城地区涨水，六堰尽决，同年秋，重加修葺，至次年（1194）二月落成一事。传此碑乃宋代隶书大家晏袤所书，计十六行，行九字，字大六寸许。其书法雄厚生动，具汉人遗意，彪焕磥硌，形体抑扬，芬葩连属，分间罗行。

此碑又名《山河堰落成记》，是汉中地区分布在褒斜古道南端的石门隧道及其南北山崖的一百零四种摩崖石刻中最大的一块。20 世纪 60 年代，由于当地兴修水利，遂将其切割后移入汉中博物馆。

南宋　重修山河堰碑　版本二

南宋　释鄐君开通褒斜道摩崖　1194 年　原石现藏汉中博物馆

《释鄐君开通褒斜道摩崖》，南宋绍熙五年（1194）刻，晏袤书，二十七行，每行二十八字左右，字径 5—6 厘米，隶书。《鄐君开通褒斜道摩崖》，原刻于石门南百步左右的崖间，后被青苔、泥沙所封闭，千余年未显露，故宋代欧阳修、赵明诚、洪适俱未著录。至南宋光宗绍熙四年（1193）夏秋之际，由于雨水冲刷，字迹始显。当时南郑县令晏袤，即将发现这方汉代摩崖的经过情况，以及原刻文字的释文，另刻于汉代摩崖下方，故称《释鄐君开通褒斜道摩崖》。此刻书法结体方古舒阔，因自然石势作字，字之大小及笔画的长短、粗细皆参差不整，波磔隐含，天真朴拙而气势完足。惜石质酥劣，抗蚀力差，刻石至今历经 800 春秋，已大片剥落，残存的刻字有些已辨不清。此摩崖录文见于《金石萃编》和《褒谷古迹辑略》。

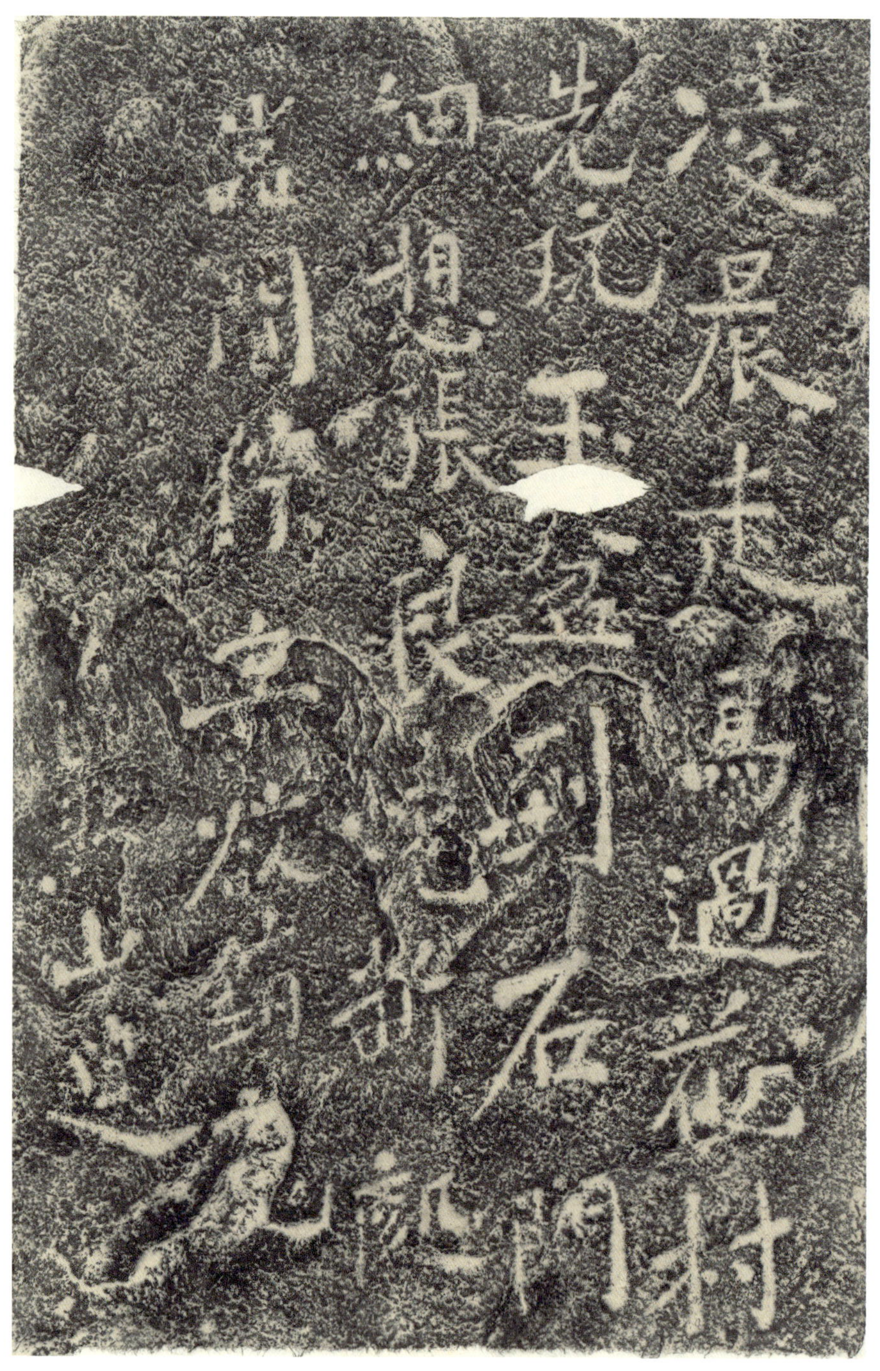

南宋　岩然题名诗　时间不详　原石现藏汉中博物馆

石门题诗最早的石刻和史籍记载在宋代，北宋掌禹锡有《游石门题诗·峭壁矗云三峡里》，南宋时有安丙《游石门题诗》："凌晨走马过花村，先玩玉盆到石门。细想张良烧断处，崖间伫立欲销魂。"此拓所书正是安丙之《游石门题诗》，落款"岩然"。世多传书法为文同所作，然文同逝时安丙未生；再则文同并无"岩然"之号。石门题诗既是重要的石刻文物，也是石门题刻中堪称纯文学的重要篇章。

是作为楷书，约三十字，其字如长枪大戟，纵横排阖。此石历经千年，虽已漫漶，却显得苍茫古质，隐隐然似青云绕老树，其状不可明。

元

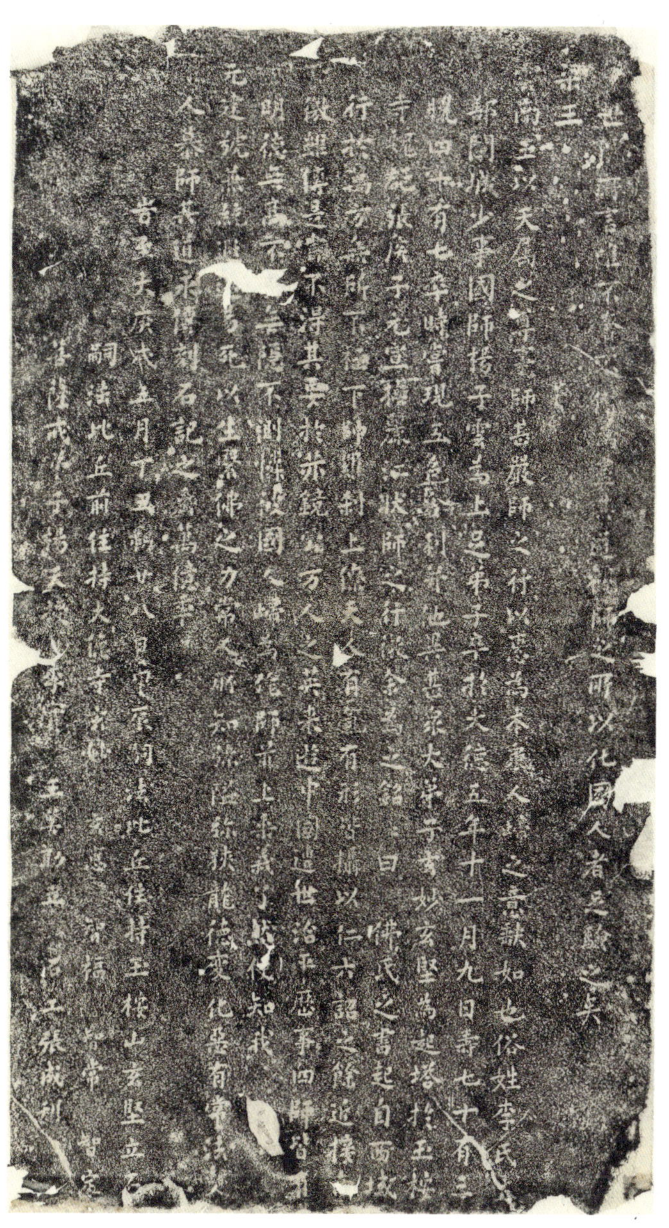

元　元至大云南梁王石碑　1310年　原石现藏昆明筇竹寺

《元至大云南梁王石碑》，又称《大元洪镜雄辩法师大寂塔铭》，是雄辩法师弟子为其所立塔铭，记述了雄辩法师的生平经历，并赞扬其功德，刻于至大三年（1310）。翰林修撰蒲城杨载撰文，奉议大夫佥云南诸路肃政廉访司魏郡张元书丹，荣禄大夫云南诸路行中书省平章政事襄武汪维勤题盖，张成刻石。此碑书法用笔圆劲秀润，结字平实端庄，笔势舒展，气息宁静肃穆，一派平和中正气象。

此碑经历七百余年风霜，字多剥蚀，碑文内容可据《滇释记·雄辩法师传》以校之。原碑原立于昆明筇竹寺雄辩法师塔前，后移至寺中厢房内。

第一願者此菴僧衆不得立賓主同十方院依宗師道場若後代人違犯
此願者現身害癩終墮無間地獄
第二願者此菴中不得安破戒僧人若用人情犯者現身害癩終墮無間
地獄
第三願者破戒僧人不得藏頭住此菴中若有犯者現身害癩終墮無間
地獄
第四願者若有壇那捨施常住一毫之財生〻不離三寶受用諸佛富貴
得無上果若有先施田地後悔爭者現身害癩終墮無間地獄
第五願者不問僧俗修行辦道結緣作福一絲一毫之善者願佛密祐衆
聖加持早〻明心超佛越祖
黑井降龍每歲送塩十引常住食用寧州伏虎每歲送牛二犋耕犁田畝
至正十一年歲次辛卯四月結制日開山住持崇照措

元　至正刻五愿碑　1315 年

此碑作于至正十一年（1351）四月，碑文正书十一行，记述了开山住持崇照为寺庙招收僧人立下的五条规矩。碑文书法气韵生动，结体多变，与章法上的排布规整形成鲜明对比。

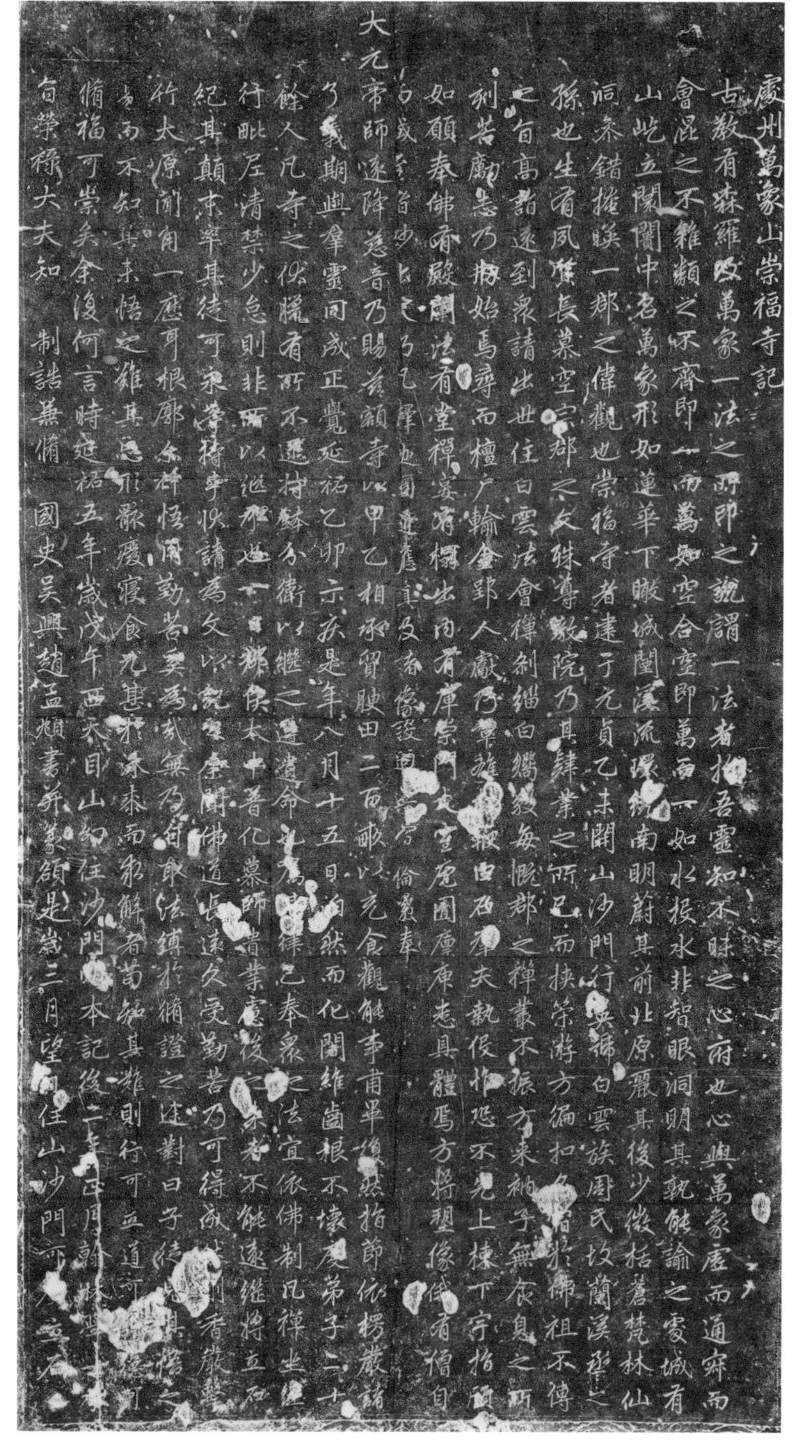

元　处州万象山崇福寺记　1320 年

《处州万象山崇福寺记》是赵孟頫为处州的崇福寺所书记碑，内容为僧明本撰写，碑阴刻明万历间重建碑。其书法行笔婉转流畅，结字严谨，章法舒朗，赵孟頫晚年师法李邕，此碑有李北海书法之风貌。明安世凤《墨林快事》评此碑云：“松雪行篆未为得意之作，然出自游戏，殊无常日束缚恶态，亦与山川光焰相发，俱可乐也。”

此碑原立于崇福寺边一亭内，抗战期间移至寺下洞天楼内，后原碑下落不明，仅有拓片存世。

明

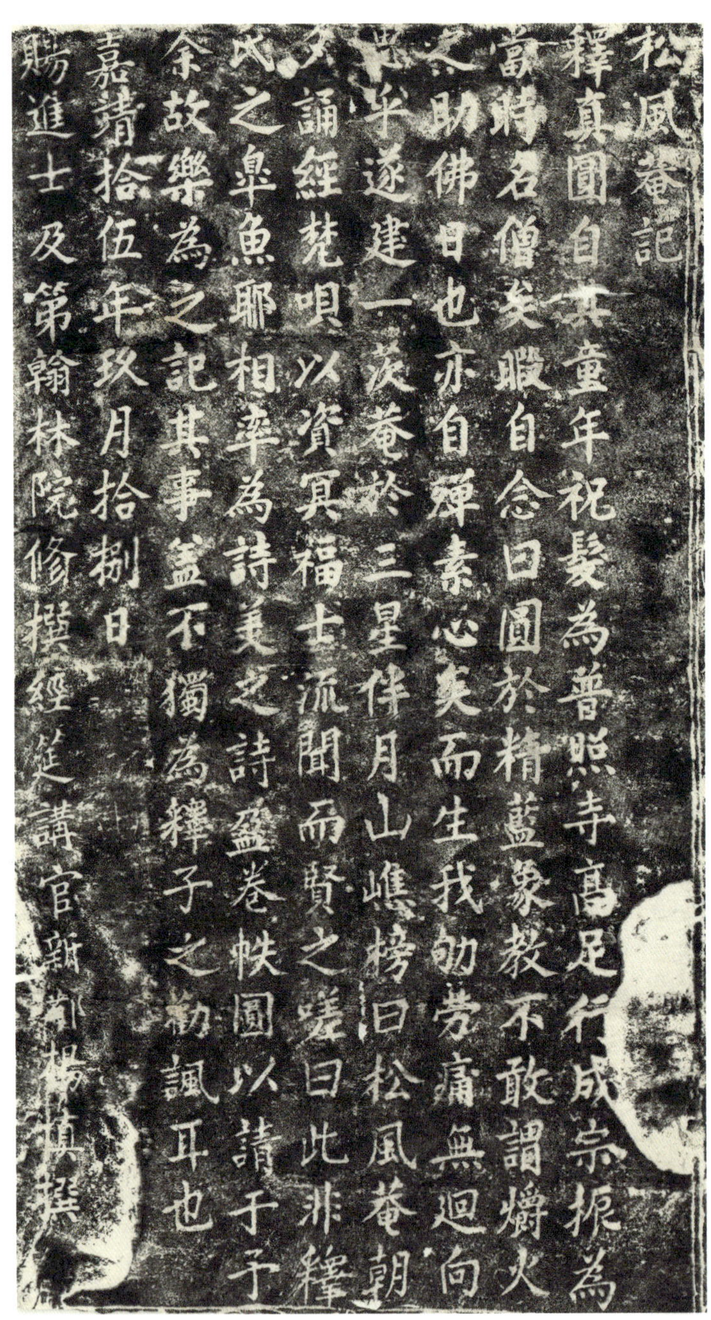

明　松风庵记　1536 年　*原石现存晋宁月山郑和公园玉皇阁*

《松风庵记》碑文为杨慎应名僧释真圆所请，为晋宁新建禅寺“松风庵”告竣作记，略记建庵缘由，写于嘉靖十五年（1536）九月十八日，落款为“赐进士及第翰林院修撰经筵讲官新都杨慎撰”。

此碑文八行，行二十字，末不足行，共一百四十九字。其书法颇具颜书面貌，结体方正严谨，　虚实相宜；笔法清健有力，浓郁朴茂。

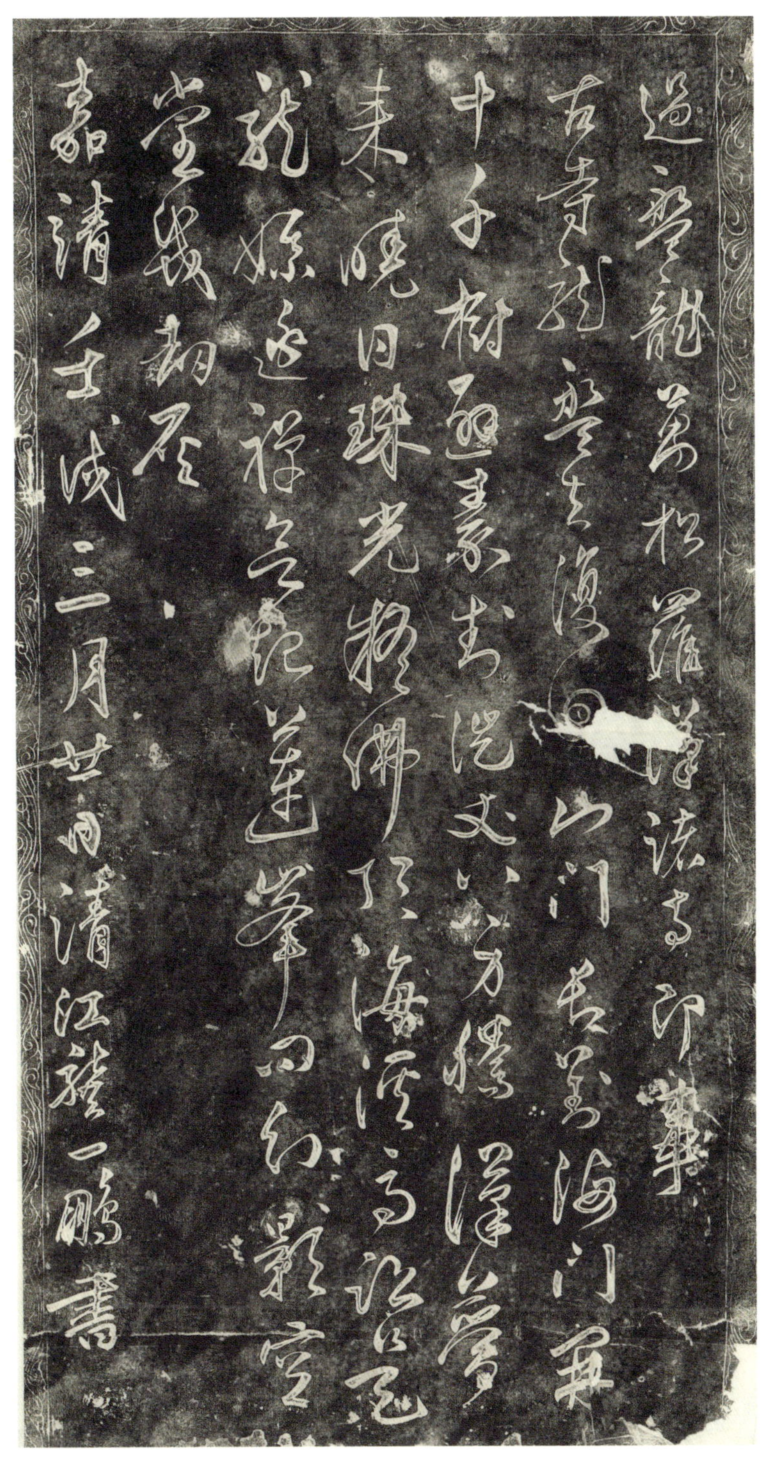

明　明嘉靖龚一鹏诗一首 1562 年

此碑内容为时任晋宁知州的龚一鹏的一首咏盘龙寺七律《过盘龙万松罗汉诸寺即事》，碑文草书阴刻，流畅秀逸，苍劲有力，体势连绵，颇具魏晋风度。刻工精细，刀随笔势，刀笔互现，可谓一气呵成。

据载该碑碑质为黑石料，“碑面平滑光亮，可照人影”，“历时四百余年，仍完好如新”，但“文化大革命”期间散佚，不知所终。

明　明刻玉案山筇竹寺供奉藏经记　1620 年

此碑记述了昆明金本高将金陵刻本藏经六百六十七函六千七百一十四卷捐藏于玉案山筇竹寺之事。该碑文右起为藏经记正文，其后附有小字藏经书单，文末即为落款，由落款可知此碑由金本高撰文，筇竹寺当代住持圆成立石，石匠非熊勒刻。

该碑书法清丽俊秀，颇得褚遂良神韵。点画劲秀清健，看似纤瘦却温雅平和；结体自然妥帖，不拘泥于字形，形随字变；章法疏密有致，正文之间字距较宽，颇为疏朗，附录小字则较为紧密，整体和谐自然。此碑虽为楷书，通篇隐含行书意味，刻工较为精良，颇能传达书丹笔意。

明　宝华庵碑记　1622 年

《宝华庵碑记》原立于云南宝华庵，碑文记述了宝华庵兴微继绝之历程，又记刘文兴辞官归隐后修造佛堂之事。由落款可知此碑由苏九河撰文，邵良翰书丹，段成名镌刻。该碑书法承松雪余绪，结体娟秀俊逸，用笔妍媚遒劲，章法整饬谨严，书镌皆精，颇为雅致。

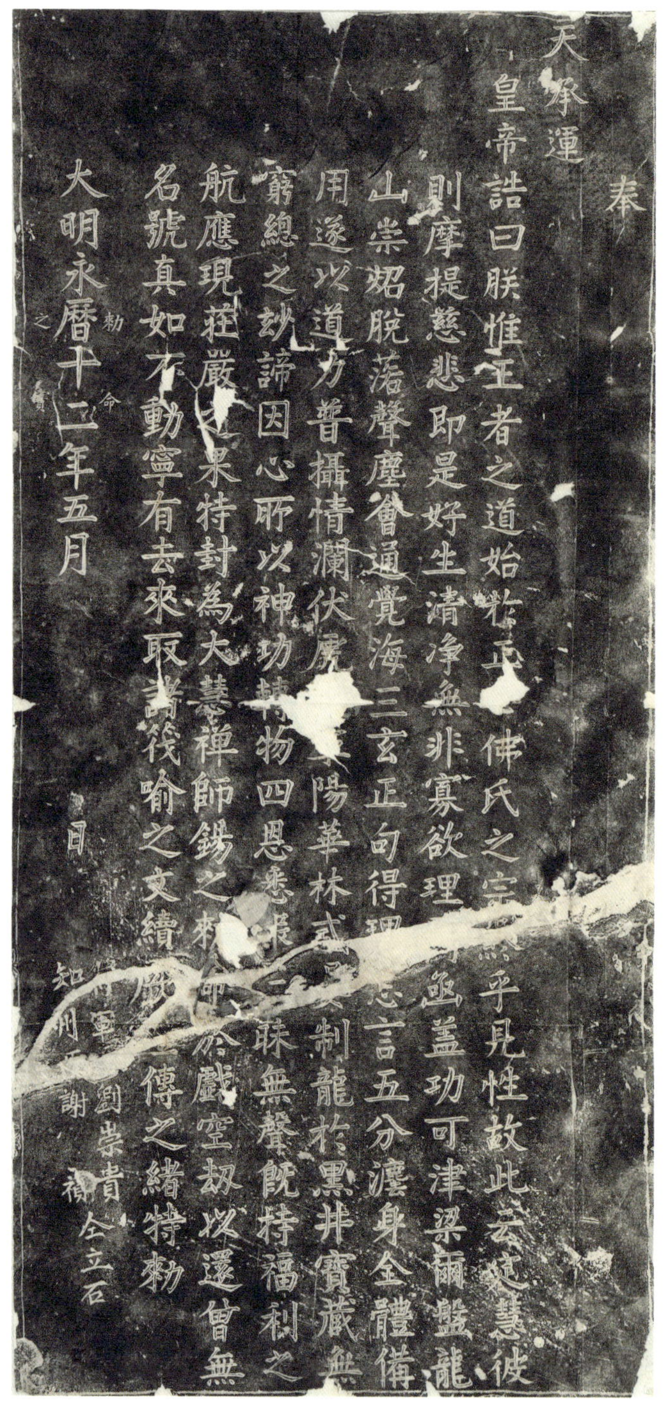

明　大慧禅师碑　*1658年　原石现存云南晋宁*

《大慧禅师碑》又名《大慧禅师诰封碑》，此碑镌刻于南明永历十二年（1658）五月，此时南明政权中心已迁至云南。南明政权在云南存续时间较短，于滇所遗碑铭未多见。

碑中“天”“皇帝”两处另起一行且高抬的平阙格式反映了明清时期严格遵循的书札样式，且本应是“敕命之宝”一印的钤盖处以四字小楷替代，亦是值得玩味。故此诰封碑具有较高文物价值，然于艺术层面而言，此碑书刻方式为双钩正书，书风稍嫌板正，书刻均未呈现较高的艺术水准。

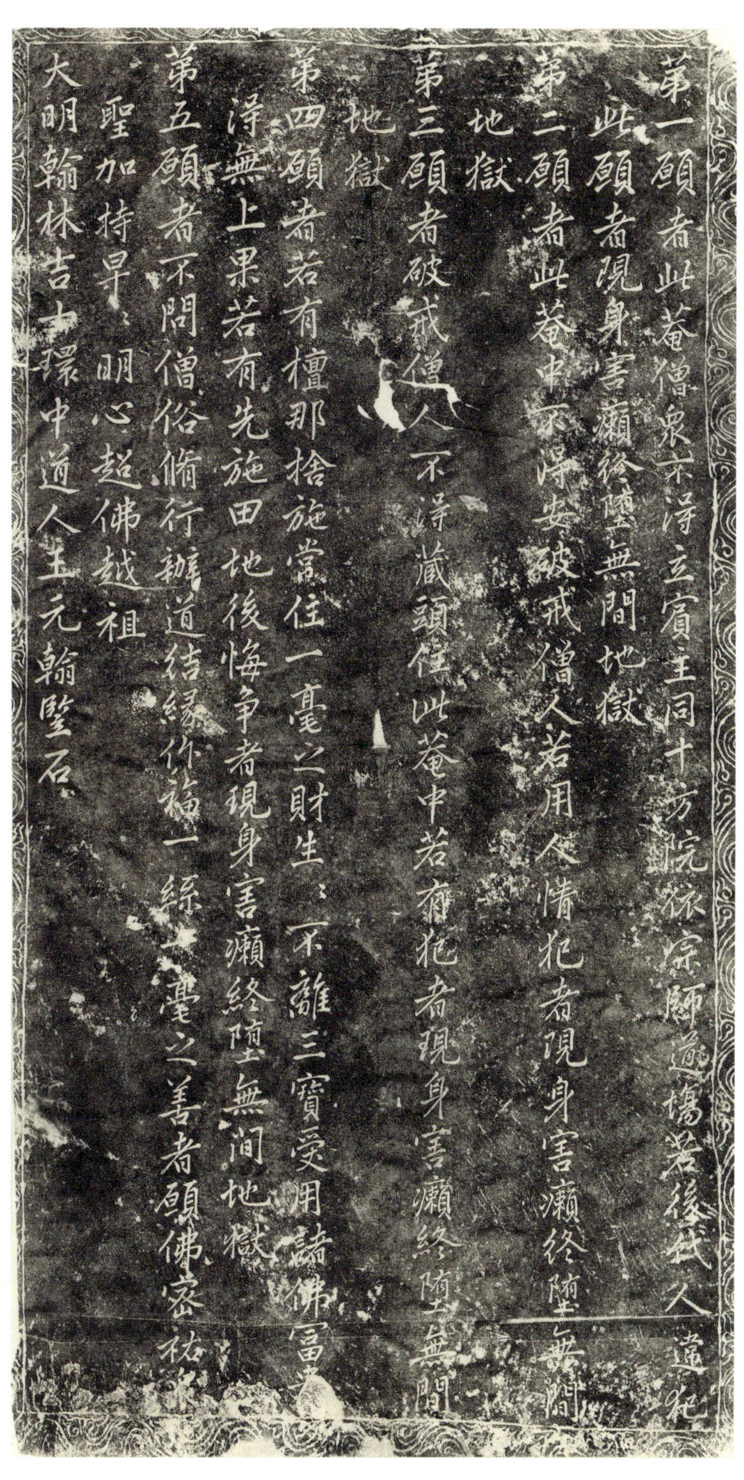

明　明刻五愿碑　*原石现存云南省昆明市晋宁区*

《五愿碑》又名《五愿戒碑》，立石人王元翰系明万历二十九年（1601）进士，经殿试点为翰林学士。王元翰学识渊博，为人正派，为官清正，意气陵厉，以谏诤自任。

此碑楷行相间，楷书中蕴含行书字态，使转婉畅，笔法华艳腴润，内藏筋骨，流美于外。书风受赵孟頫书法的影响尤为明显，碑中章法舒朗有致，字字辉映成篇，透露出潇洒雅致的气息和韵味。

清

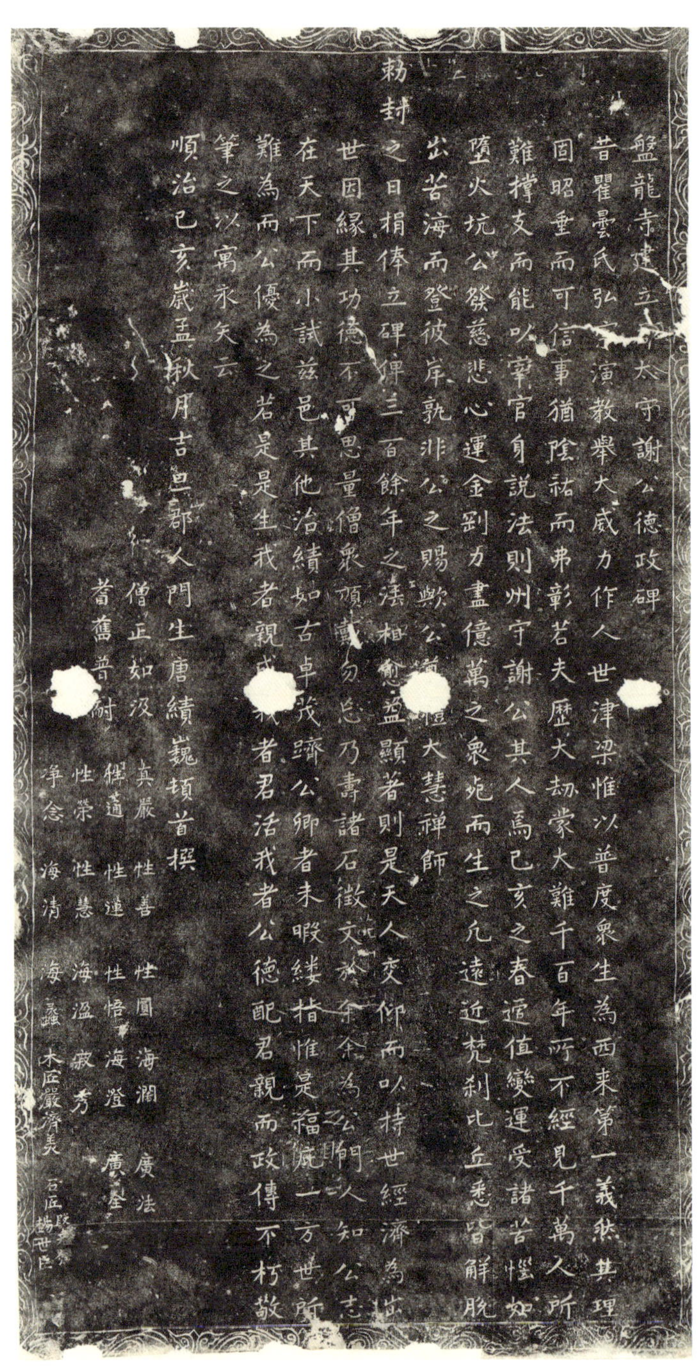

清　盘龙寺建立郡太守谢公德政碑　1659 年

此《德政碑》是为记录郡太守谢公功绩而立，由其门生唐绩巍撰写，记录了谢公解救民众于水火，虽然志在四方但愿意留下来保卫一方平安的事迹。其书法用笔多为露锋，偶有逆锋，点画多圆润，而在结体上受到唐楷的影响，整饬饱满，结体灵动，方整匀称，颇显生动，中有少许别字。

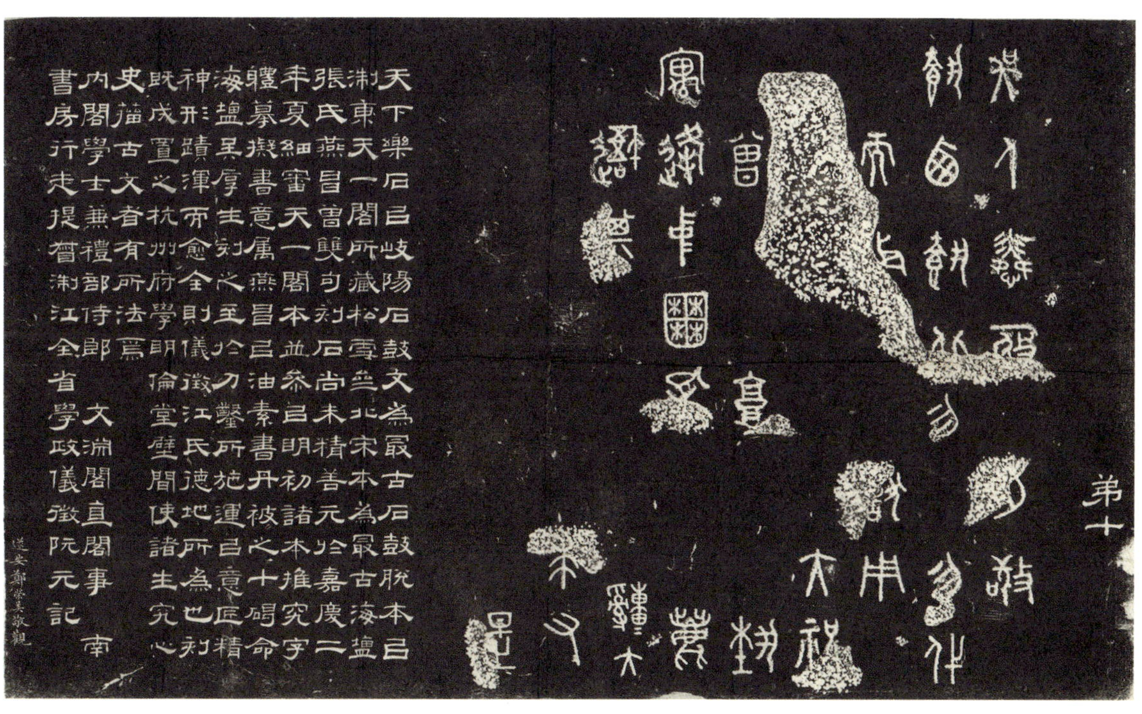

清　摹刻石鼓文　1797 年

石鼓文作为一种石刻文字，共十石，因其刻石外形似鼓而得名。后世学者对于它刊刻的确切时间存在争议。其文字内容为十首四言诗，但早有残缺，至北宋欧阳修录入，余 465 字，明代天一阁藏本存 462 字。石鼓文在书体上既承接了金文，又推动了小篆的发展，其结体方整匀称，起收笔圆润内敛，转折处方中带圆，重心较金文也已略为上移。此件拓本为阮元重摹天一阁本。阮元曾记：“元于嘉庆二年夏，细审天一阁本，复参议明初，推究字体，摹以书意，刻为十石，除重文不计，凡可辨识者四百七十二字。”

附录

战国　陶文

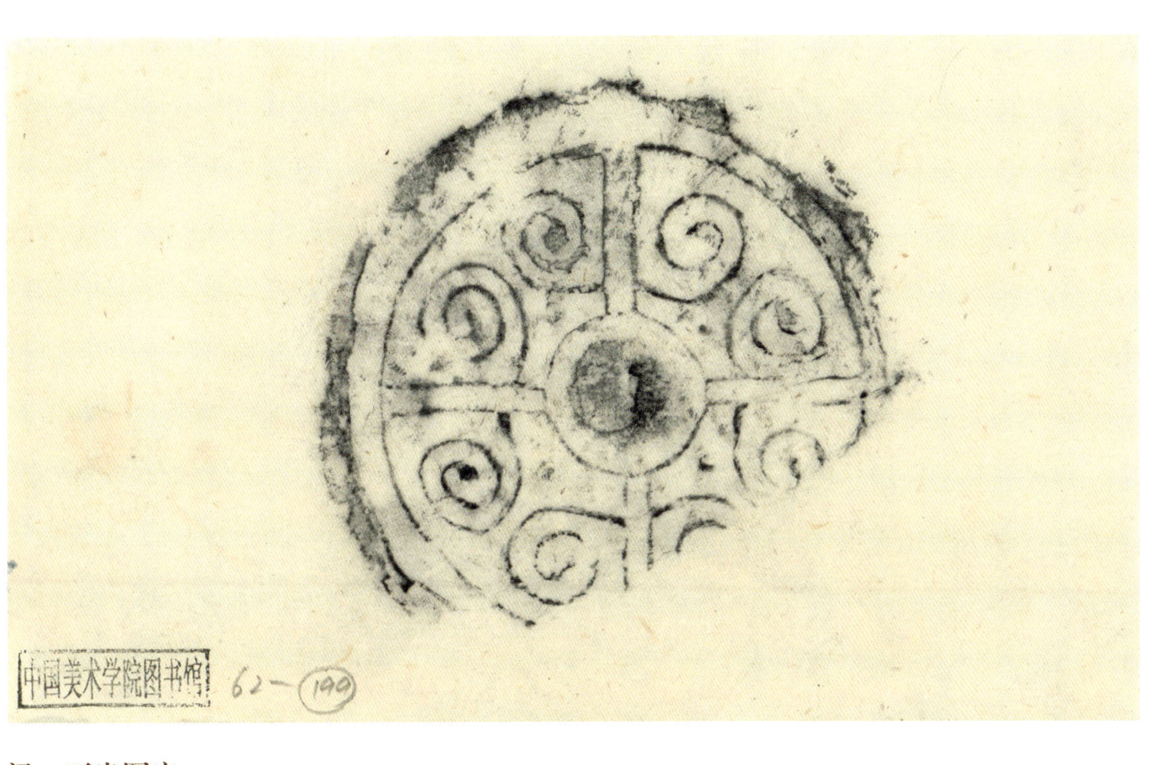

汉　瓦当图案　一

汉　瓦当图案　二

汉　瓦当图案　三（朱雀）

汉　瓦当图案　四（白虎）

汉　奔马图

汉　孔子见老子像

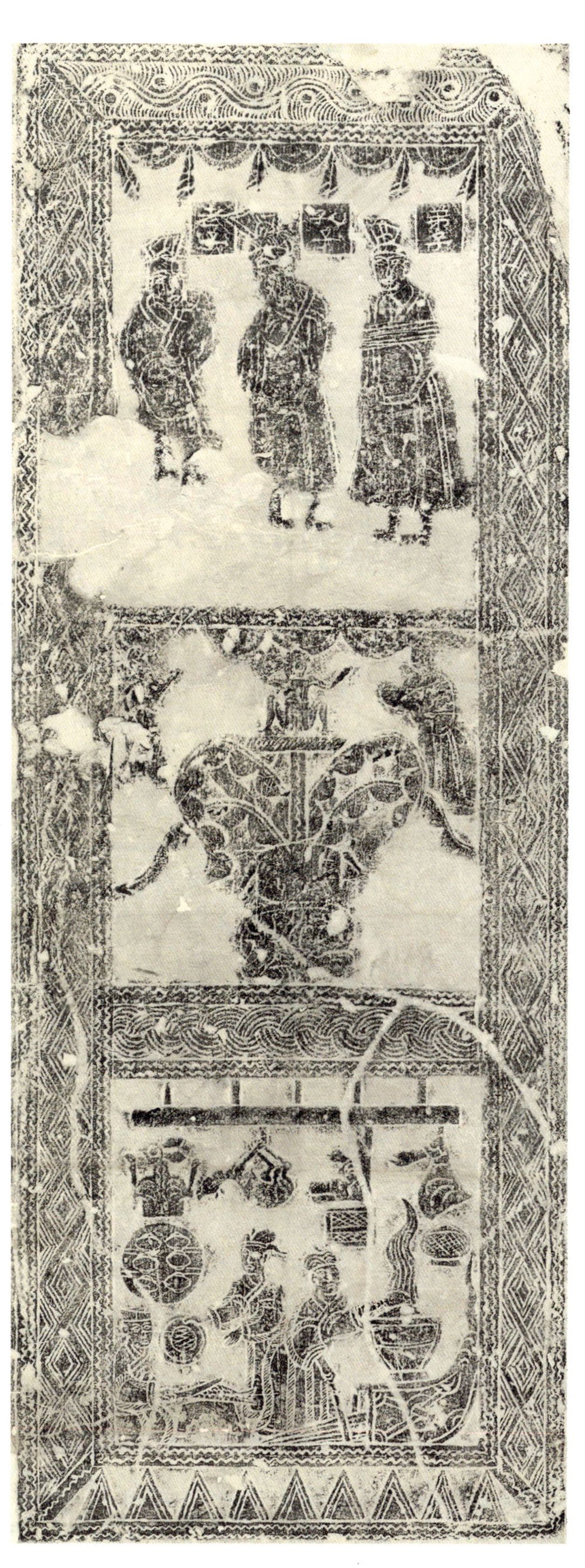

汉　老子、孔子、弟子像

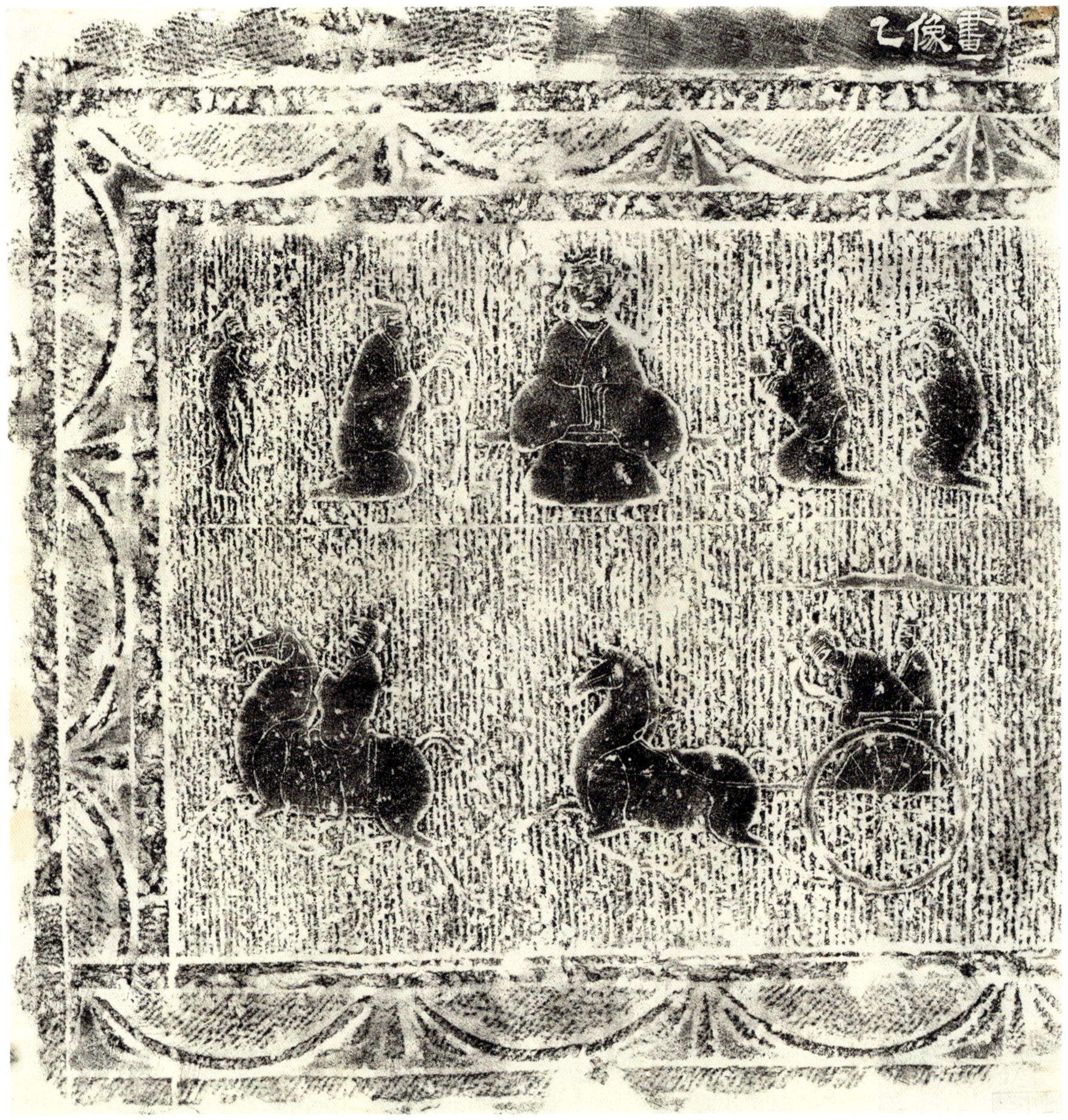

汉　画像砖　画像乙

汉　画像砖　画像丙

汉　画像砖　画像丁

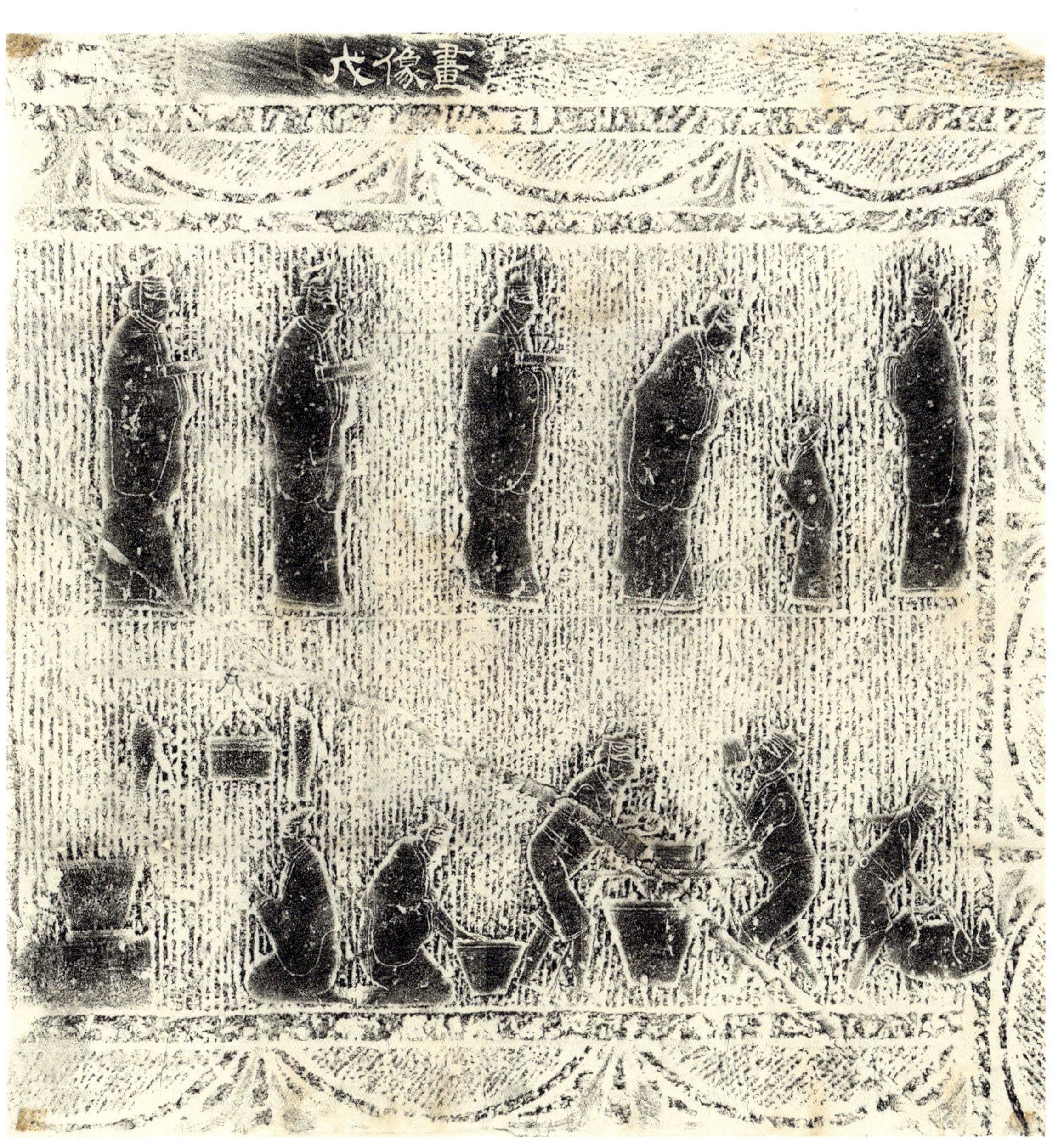

汉　画像砖　画像戊

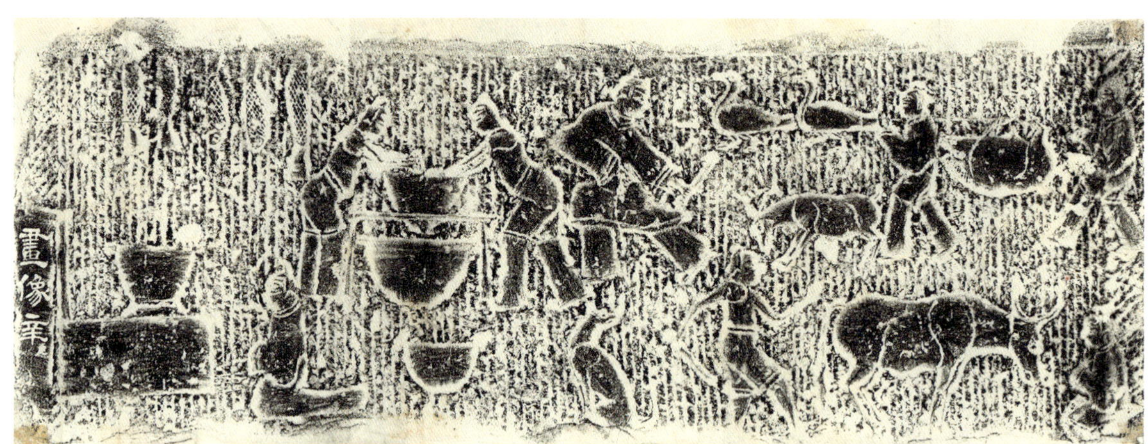

汉　画像砖　画像辛

汉　画像砖　画像壬

汉　画像砖　画像癸

汉　画像石　画像一

汉　画像石　画像二

汉　画像石　画像六

汉　画像石　画像七

汉　画像石　画像八

汉　画像石　画像九

汉　武梁祠画像拓片　一

汉　武梁祠画像拓片　二

汉　武梁祠画像拓片　三

汉　武梁祠画像拓片　四

汉　武梁祠画像拓片　五

汉　武梁祠画像拓片　六

汉　武梁祠画像拓片　七

汉　武梁祠画像拓片　八

汉　武梁祠画像拓片　九

汉　武梁祠画像拓片　十

汉　武梁祠画像拓片　十一

汉　武梁祠画像拓片　十二

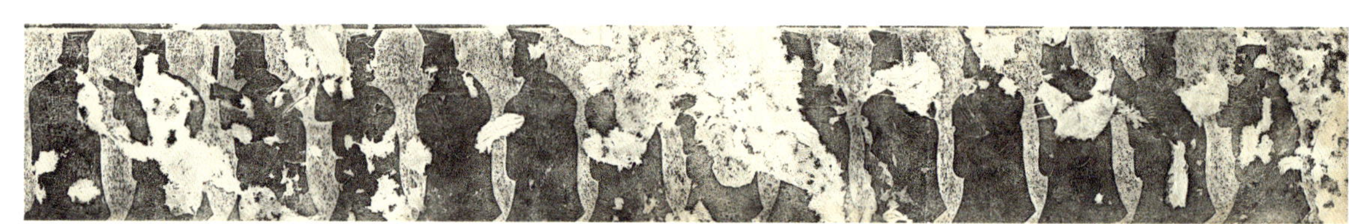

汉　武梁祠画像拓片　十三

汉　武梁祠画像拓片　十四

汉　武梁祠画像拓片　十五

汉　武梁祠画像拓片　十六

汉　武梁祠画像拓片　十七

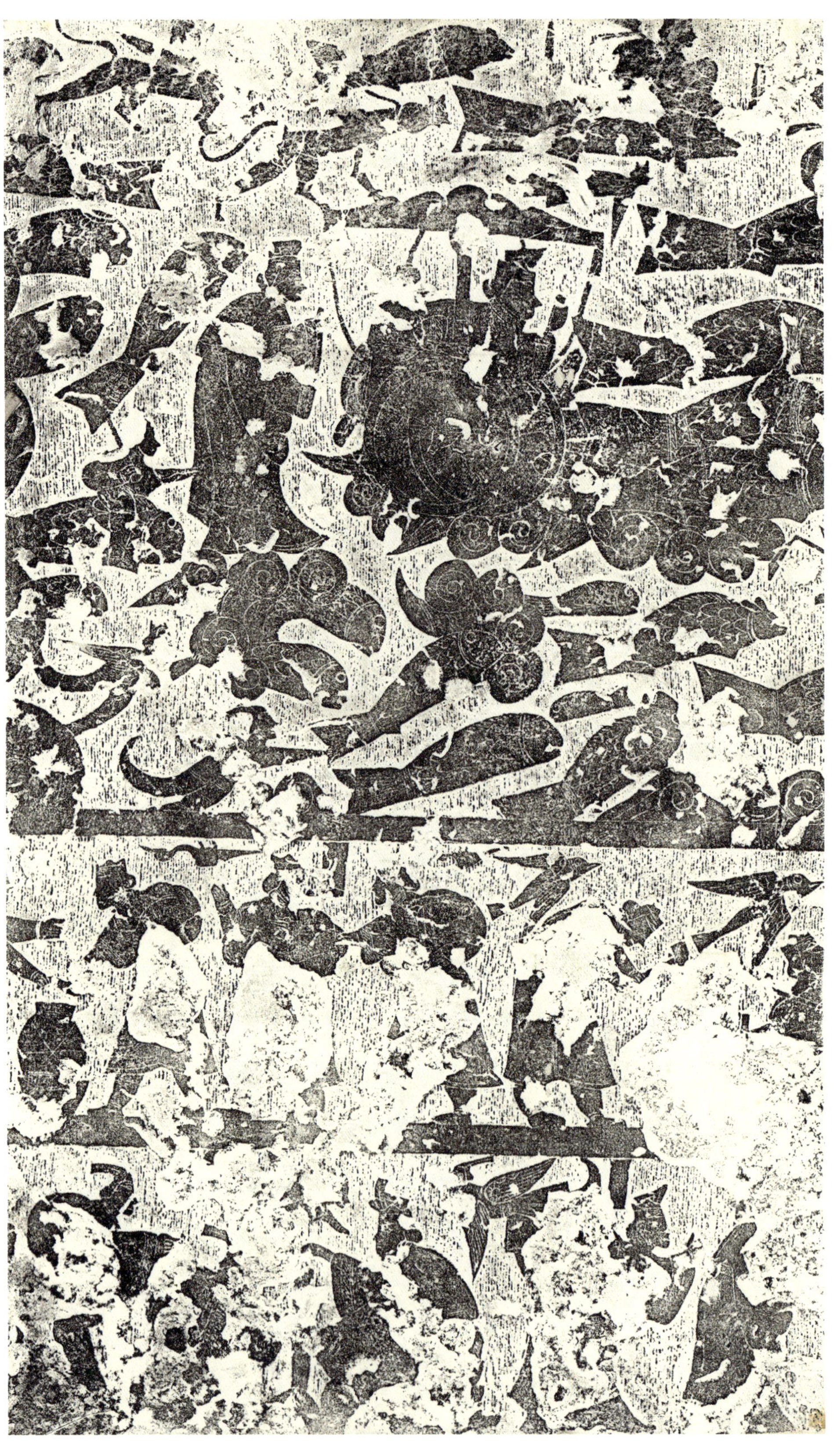

汉　武梁祠画像拓片　十八

汉　武梁祠画像拓片　十九

汉　武梁祠画像拓片　二十

汉　武梁祠画像拓片　二十一

汉　武梁祠画像拓片　二十二

汉　武梁祠画像拓片　二十三

北朝　翟僧□等造像（天兴四年）

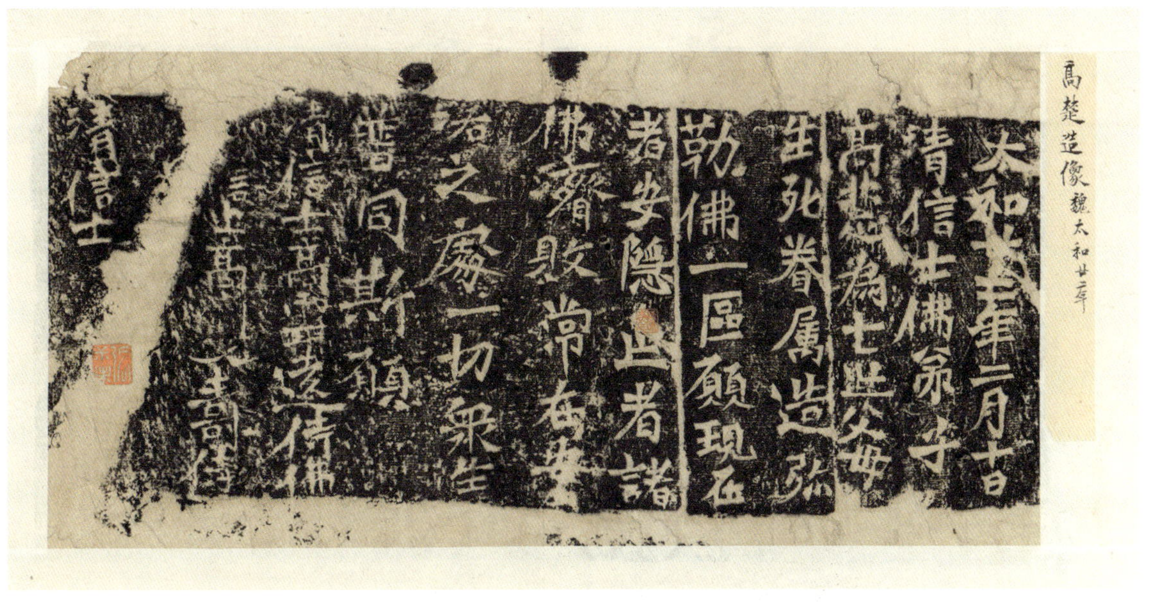

北朝　高楚造像记（太和廿二年）

北朝　尹爱姜造像记（景明三年）

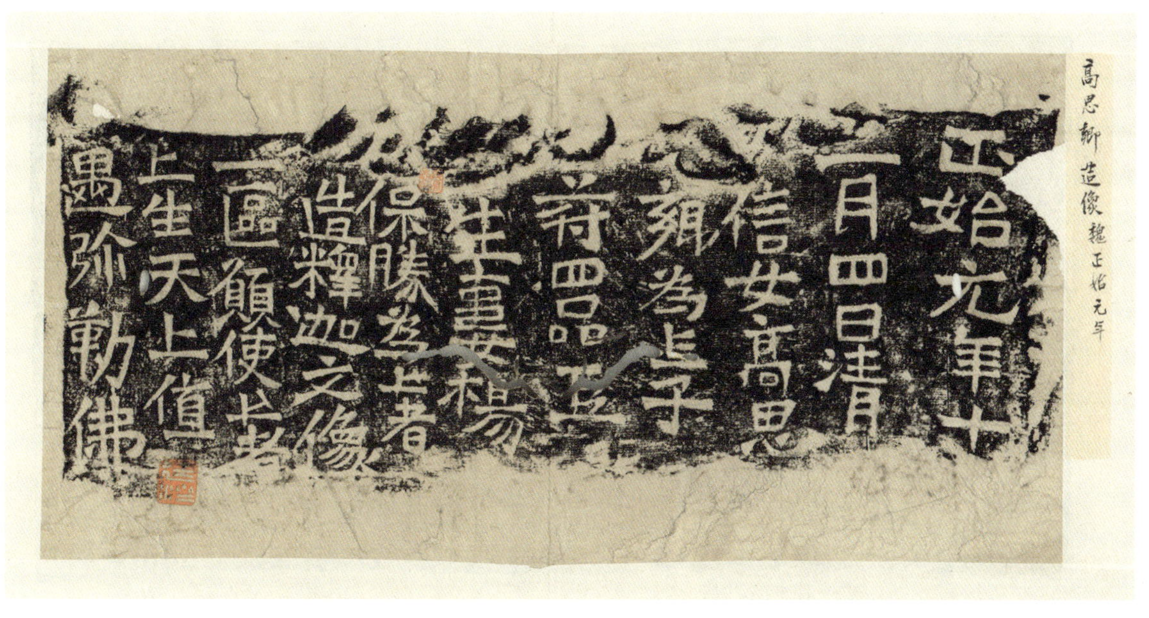

北魏　高思乡造像记（正始元年）

北朝　□法端造像记（正始三年）

北朝　惠智造像（永平三年）

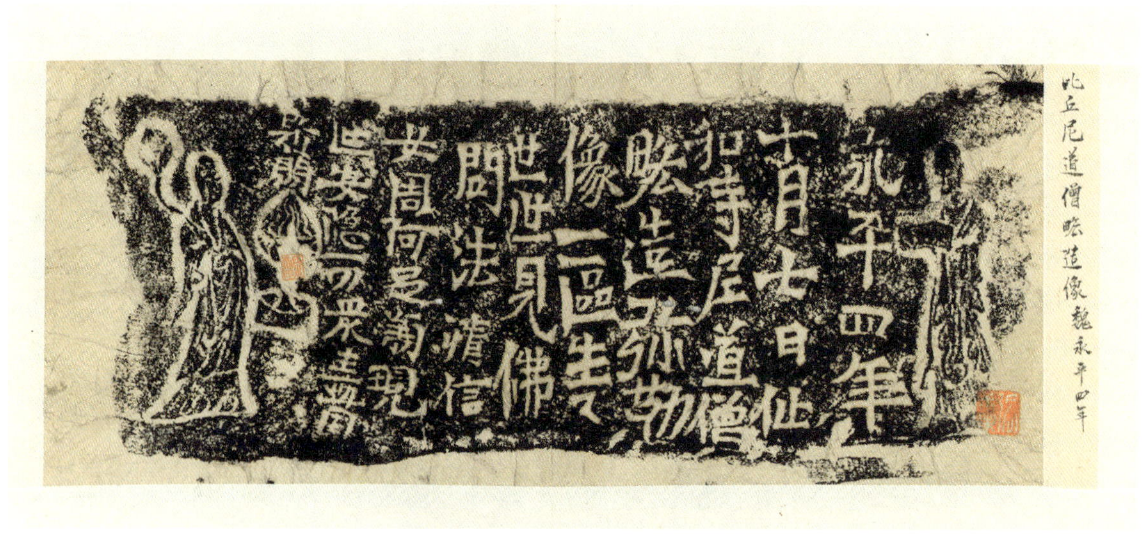

北朝　比丘尼道僧□造像（永平四年）

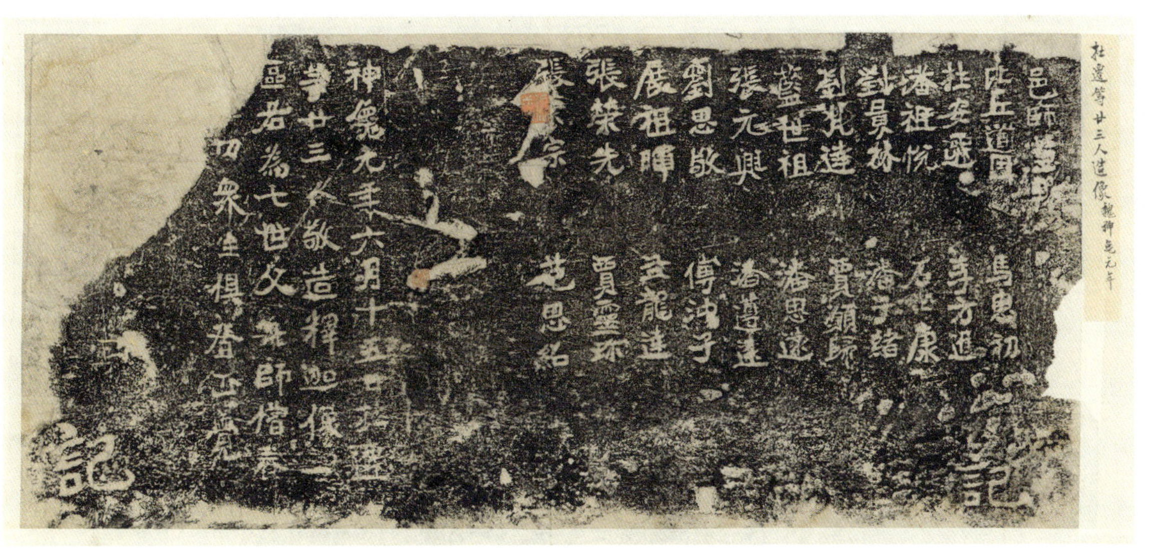

北朝　杜迁等廿三人造像记（神龟元年）

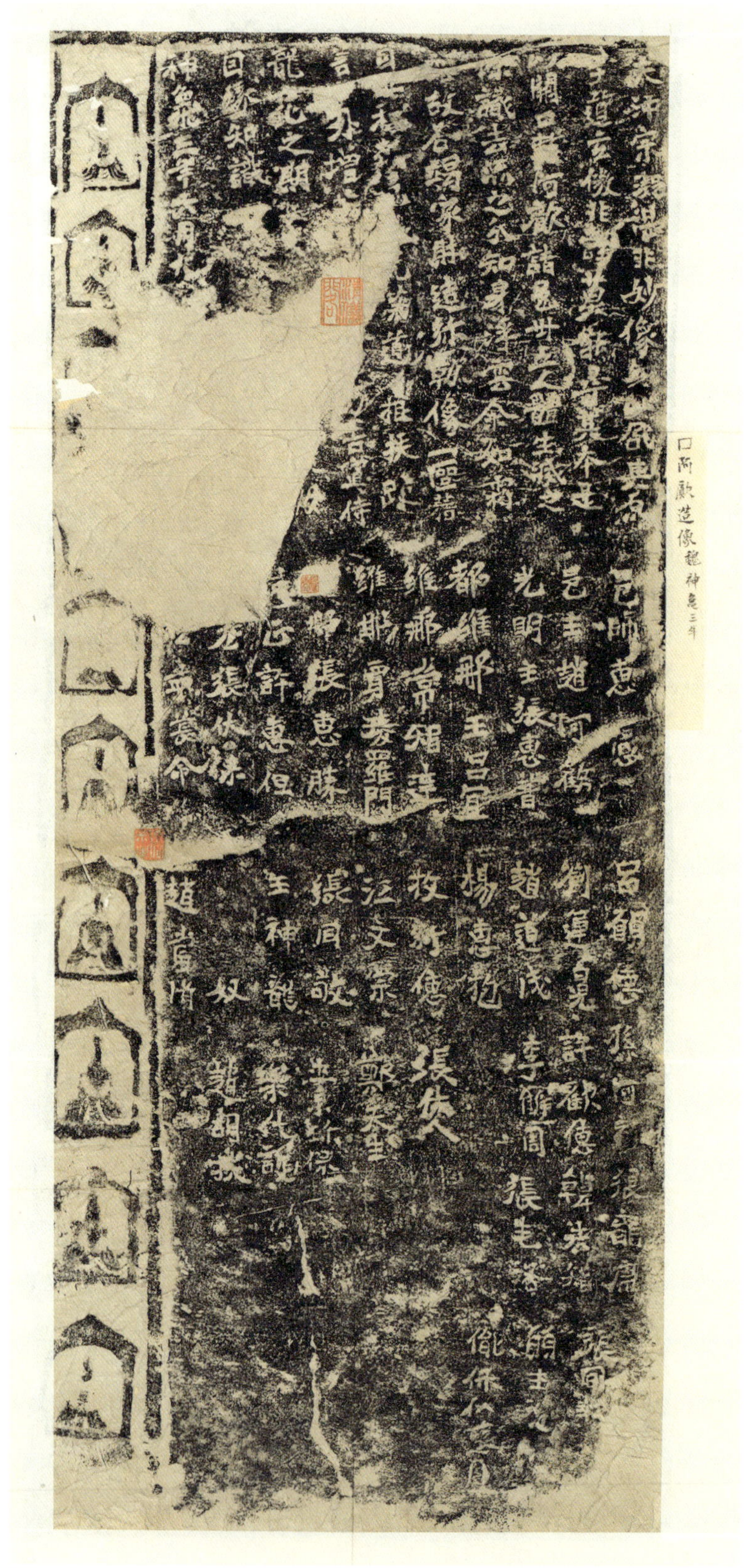

北朝　□阿□造像记（神龟三年）

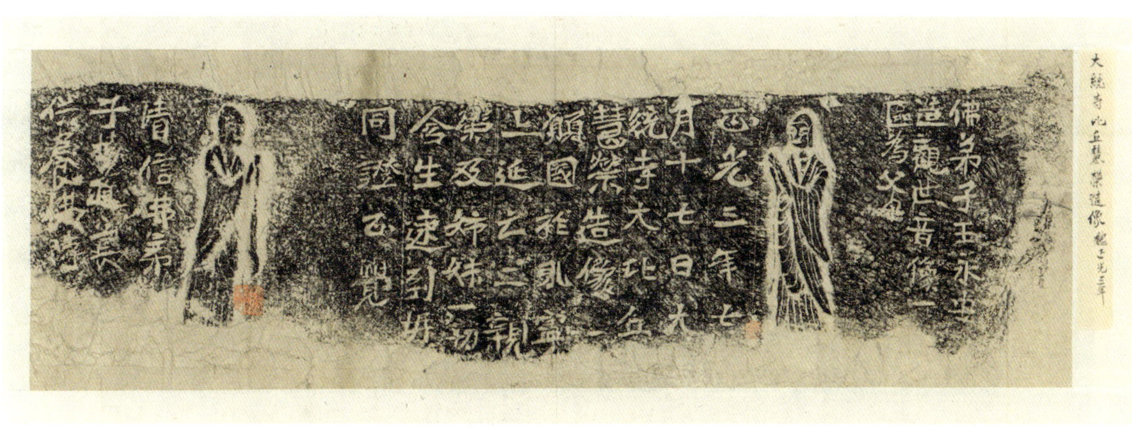

北朝　大统寺比丘慧荣造像（正光三年）

北朝　胡仁合造像（正光六年）

北朝　比丘法思造像（孝昌三年）

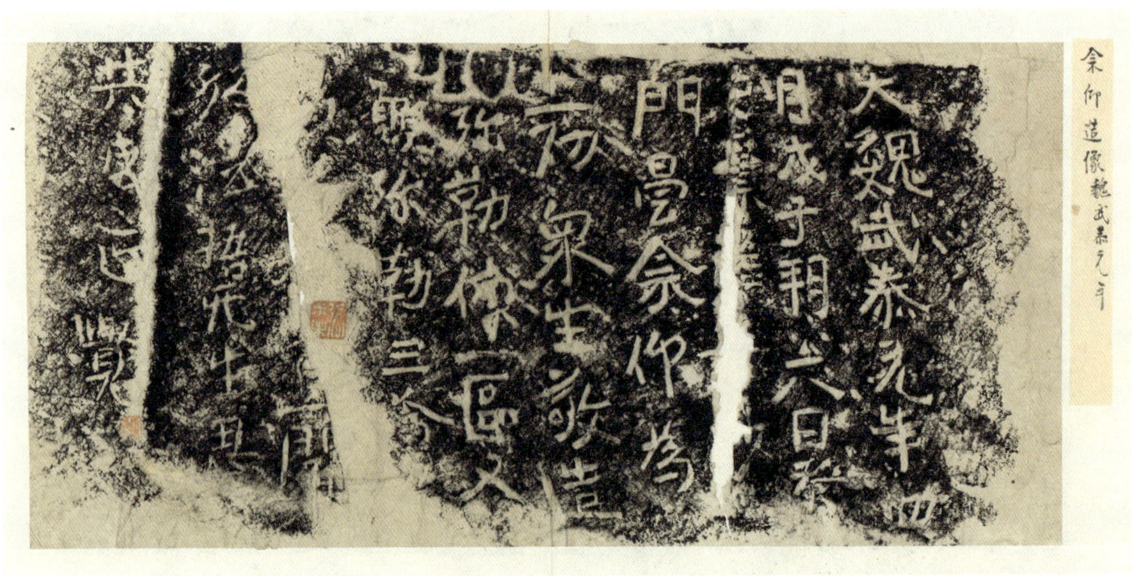

北朝　佘仰造像记（武泰元年）

北朝　比丘静度造像记（普泰二年）

北朝　法仪廿余人造像（永熙二年）

北朝　法盛造像记

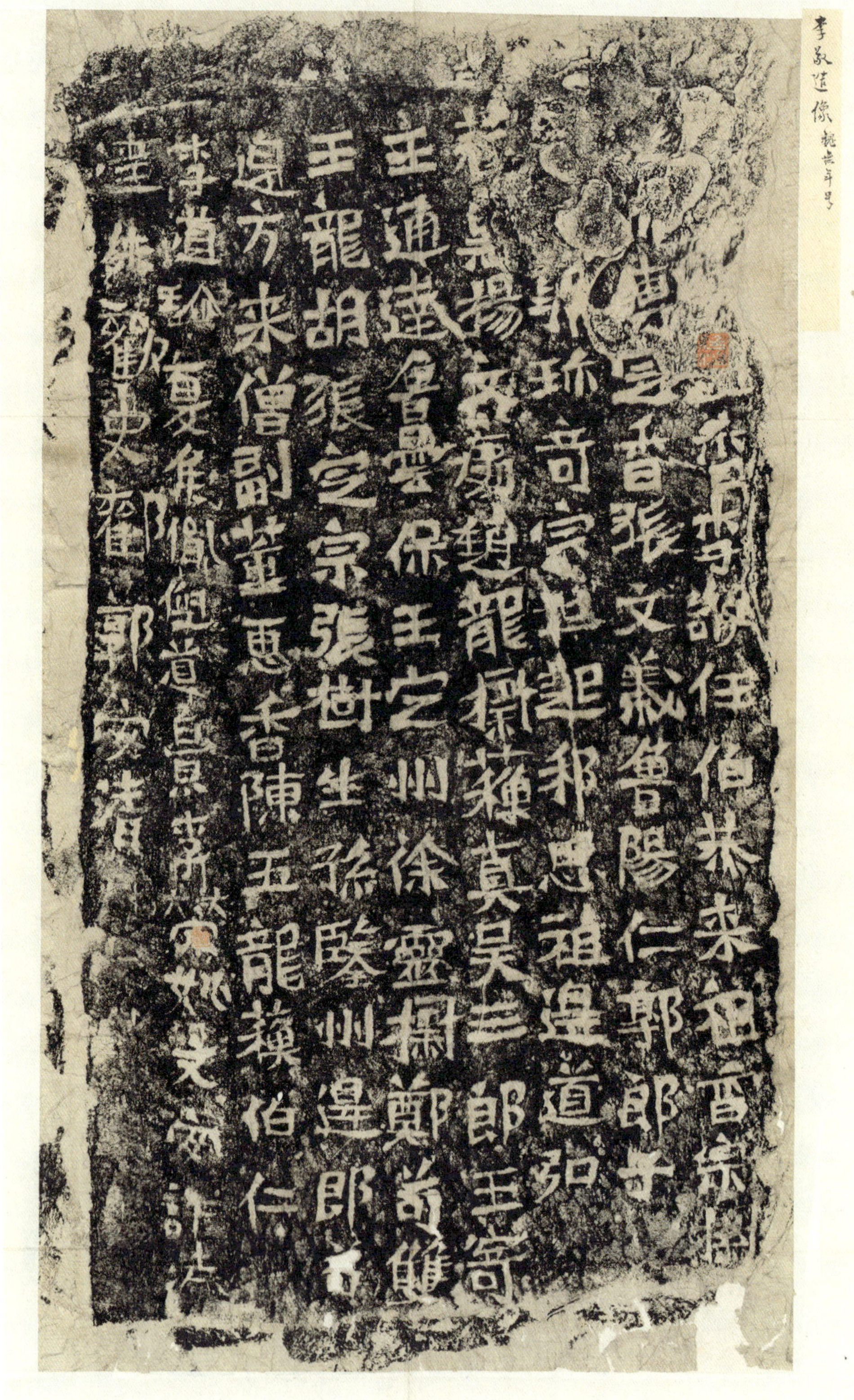

北朝　李敬造像

北朝　陈妙轨造像

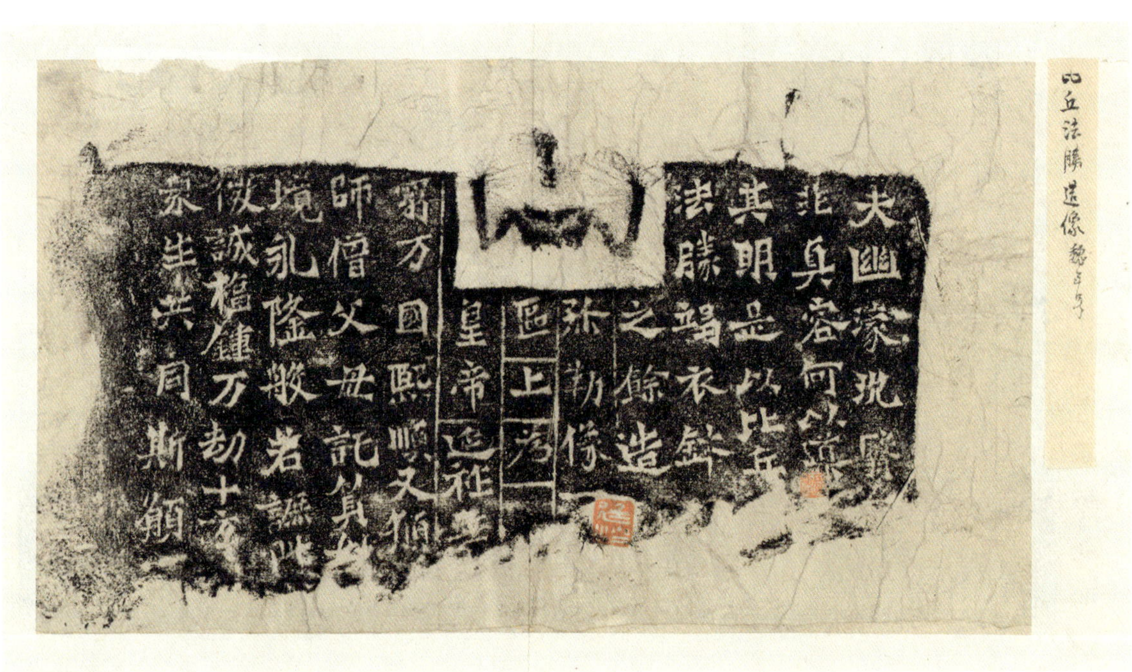

北朝　比丘法胜造像

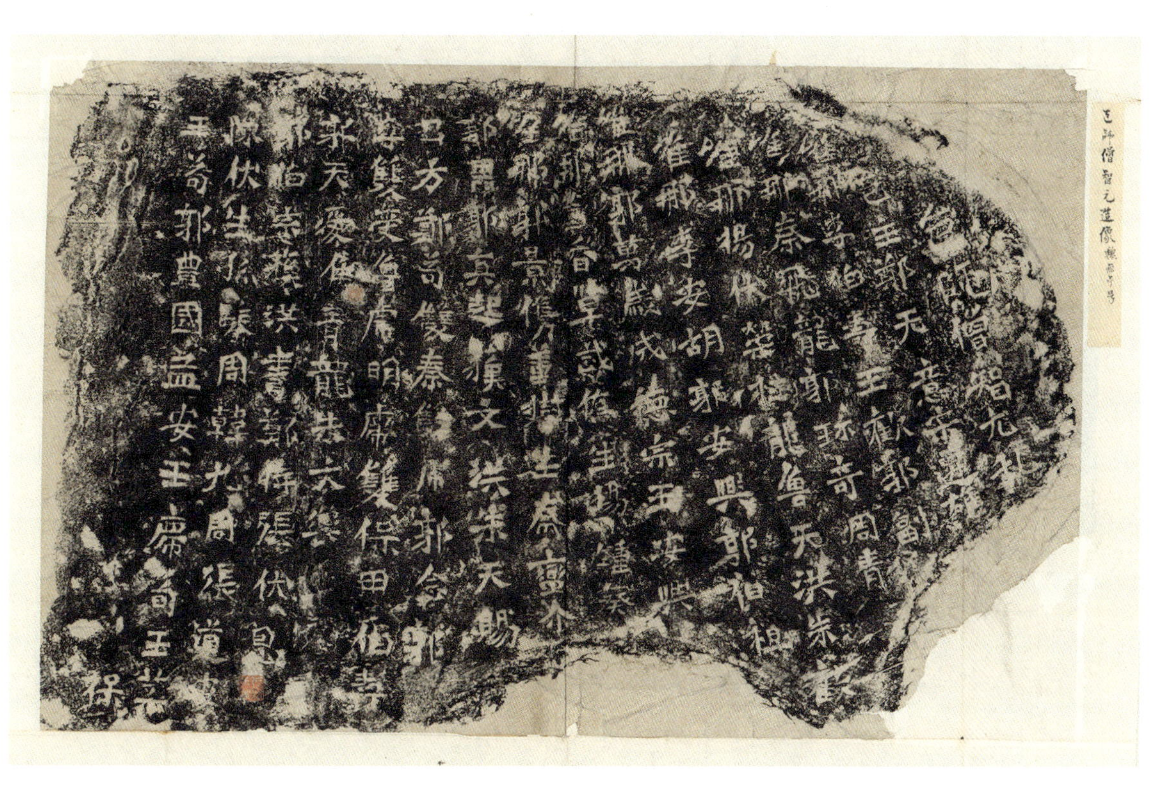

北朝　师僧智元造像

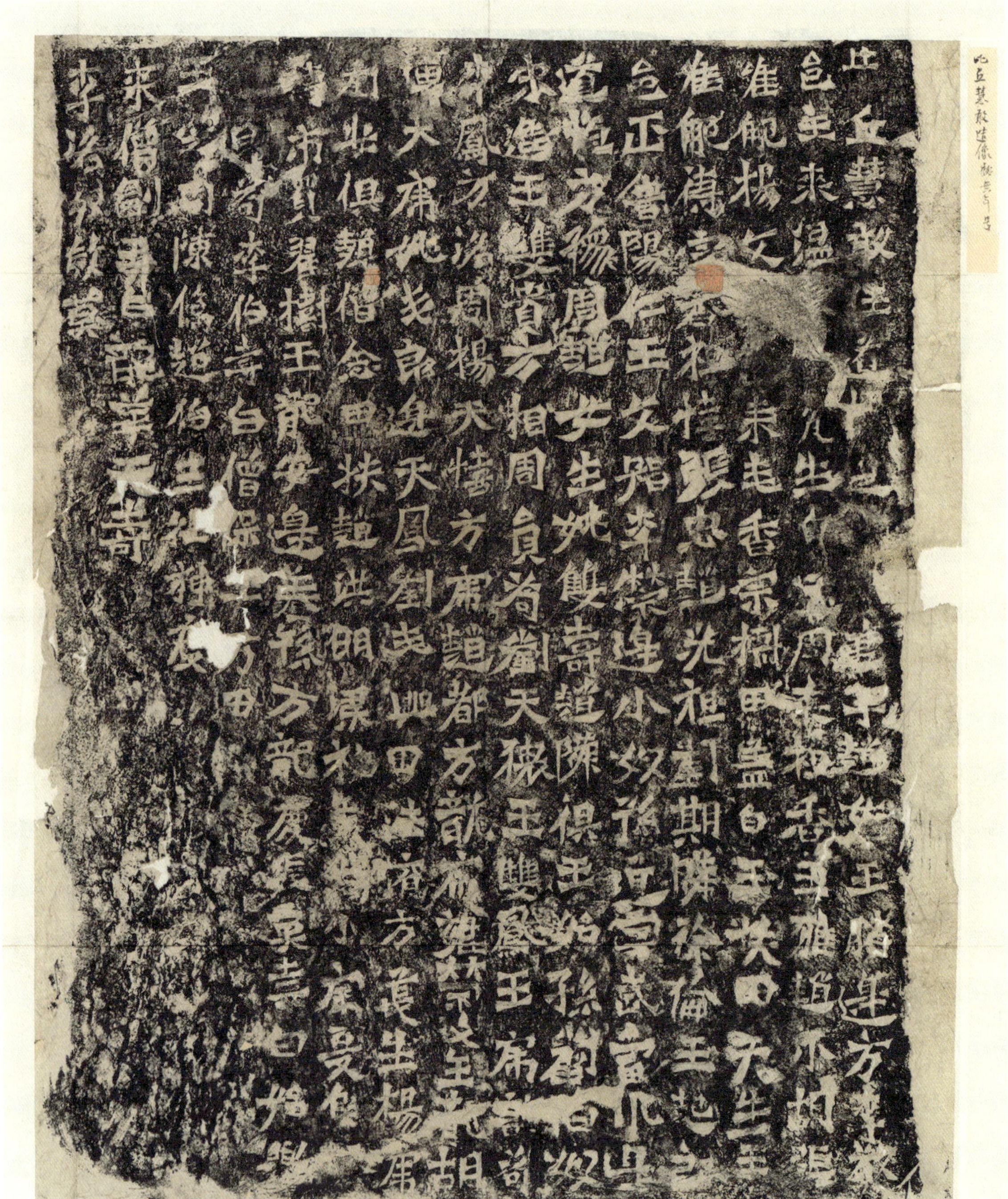

北朝　比丘慧敢造像

北朝　王供保造像

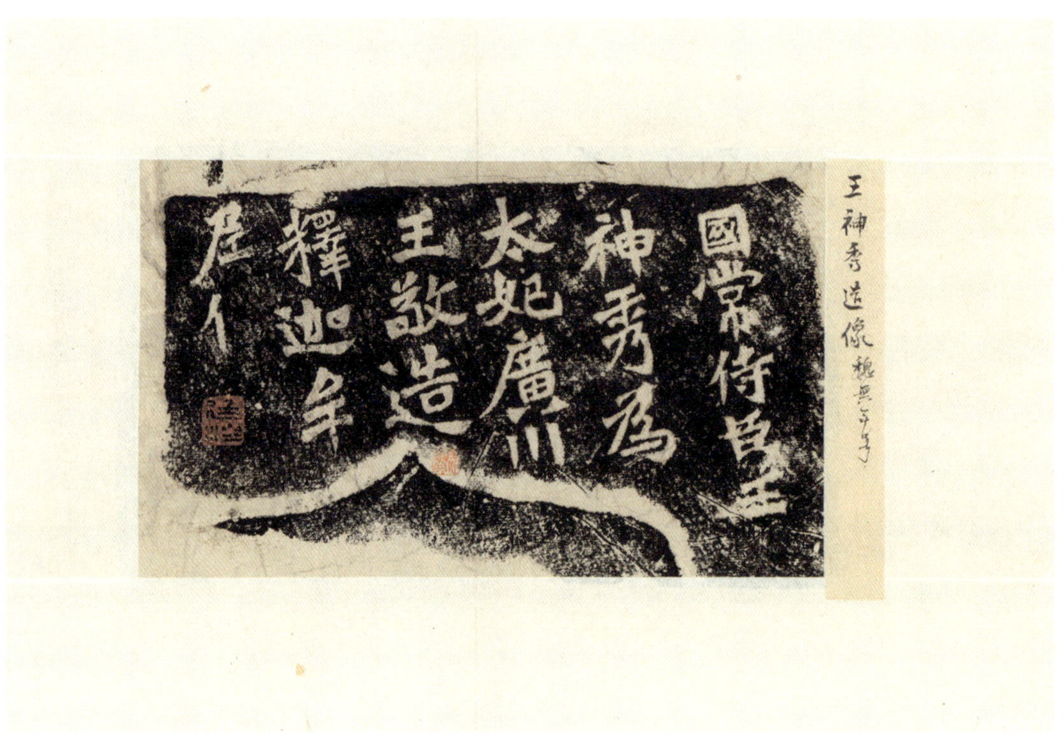

北朝　王神秀造像记

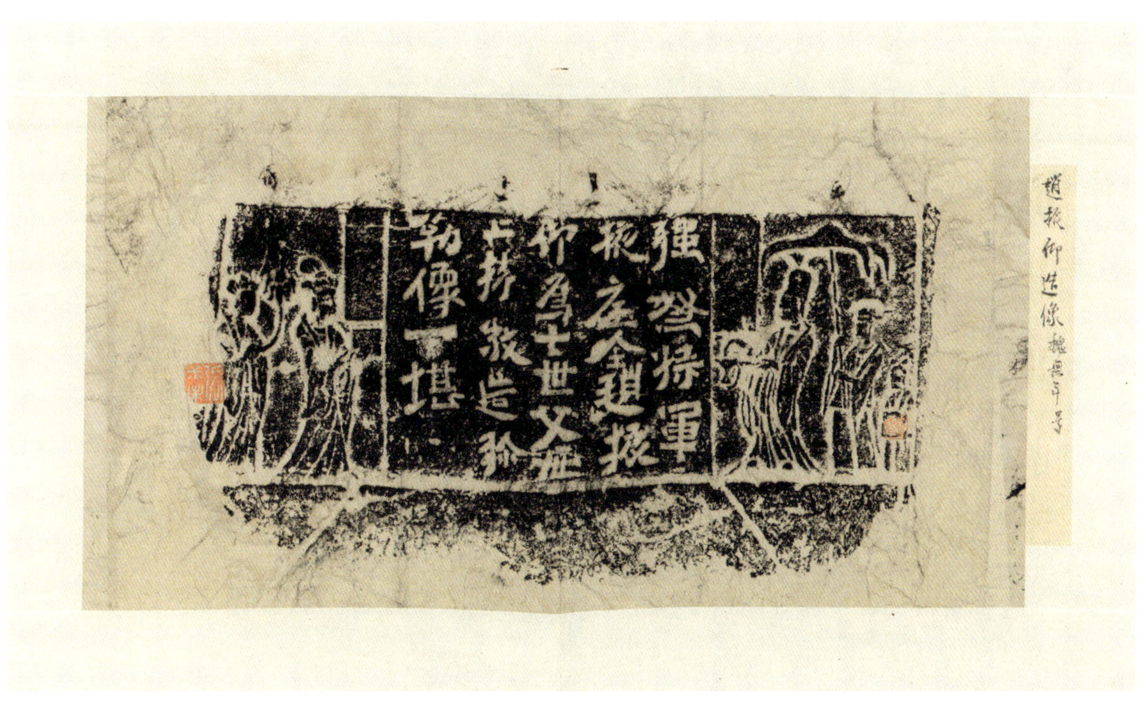

北朝　赵振仰造像记

北朝　惠波造像记

北朝　龙门造像题记

北朝　比丘尼僧静愿造像

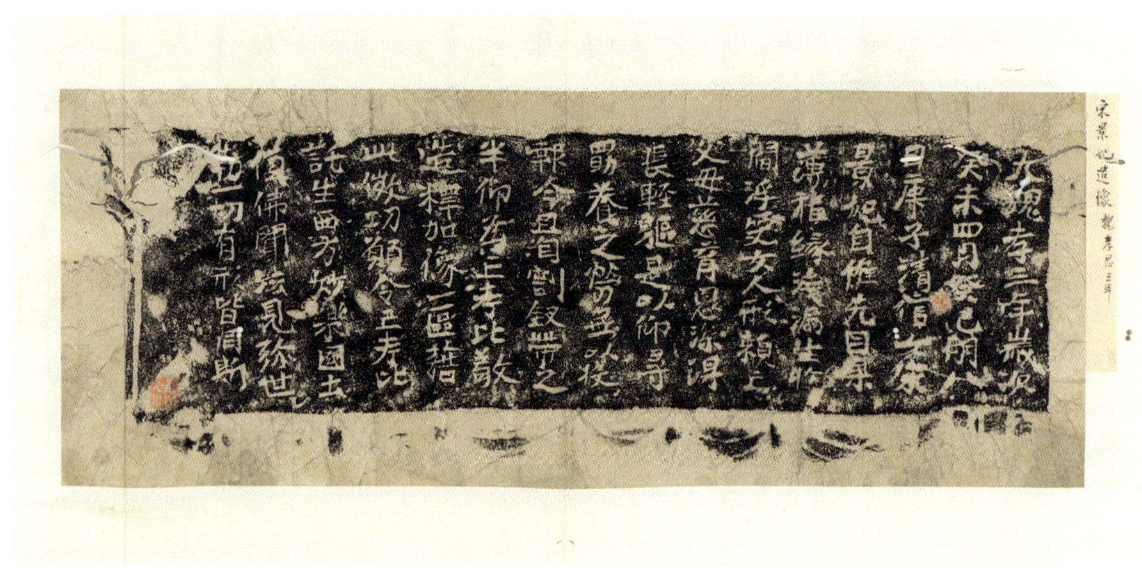

北朝　宋景妃造像记

图书在版编目（CIP）数据

中国美术学院图书馆馆藏精品碑拓 / 牛筱桔主编；中国美术学院图书馆编. -- 杭州：浙江古籍出版社，2020.9

ISBN 978-7-5540-1743-2

Ⅰ.①国… Ⅱ.①牛… ②中… Ⅲ.①碑刻—拓片—中国—古代—图集 Ⅳ.①K877.422

中国版本图书馆CIP数据核字（2020）第064166号

中国美术学院图书馆馆藏精品碑拓

牛筱桔　主编　中国美术学院图书馆　编

出版发行　浙江古籍出版社
（杭州市体育场路347号　邮编：310006）
网　　址　www.zjguji.com
责任编辑　刘成军
文字编辑　石　梅
责任校对　吴颖胤
责任印务　楼浩凯
照　　排　浙江时代出版服务有限公司
印　　刷　浙江海虹彩色印务有限公司
开　　本　889 mm × 1194 mm　1/16
印　　张　14.75
字　　数　260千字
版　　次　2020年9月第1版
印　　次　2020年9月第1次印刷
书　　号　ISBN 978-7-5540-1743-2
定　　价　220.00元